中国人はなぜうるさいのか

吉田隆

講談社

【目次】

はじめに　9

第1章　中国人はなぜうるさいのか……15

◉中国人に「占領」された新橋の雑居ビル
◉京都─新大阪間の新幹線で大騒ぎ
◉銀座を席巻する中国人観光客
◉秋葉原で食ってかかる中国人
◉中国人と日本人の触れ合いの歴史は浅い
◉40年前は日本人も海外で顰蹙
◉郷に従わない中国人
◉人口が多いからうるさい
◉自己主張をして勝たなければ生きられない中国社会

◉力で作られ維持される国家
◉日中の官僚主導は相当違う
◉中国からきた儒教の教えは、中国では通用しない
◉中国の戦争賠償放棄の裏
◉欧州人が見た明治維新直後の日本と中国
◉文革が中国社会に与えた影響
◉「情に厚い中国人」という評価を覆した事件
◉日本よりアメリカに近い中国人気質

第2章 中国人はなぜマナーが悪いのか……59

◉中国人が住民の半数近くの大団地
◉団地の公共スペースを汚しまくる中国人
◉自治会費を払うのは650世帯中1軒
◉高級ホテルのバイキングで横入り
◉中国人ガイドの本音
◉ツアー料金がどんどん安くなって……
◉バイキング戦争
◉お土産店のキックバック商法

◉中国人団体旅行は日本に利益を生まない
◉150年前から変わらぬ日中の差
◉池袋では「中国人100%近くお断り」
◉食べ残しは床に捨てる
◉あのトイレはどうにかならないか
◉中国人は関西人
◉「プールで大小便をしないようにしましょう」
◉それにしても公共マナーがなぜ中国にはないのか

第3章 中国人はなぜ謝らないのか……97

◉私は絶対に悪くない!!
◉「ごめんなさい、と言いましょう」
◉冷凍餃子毒物混入事件でも……
◉不可思議な犯人逮捕
◉事件発生時の説明と矛盾だらけでも謝らない
◉「無謬性」とは何か
◉謝れないから「推し量ってくれよ」
◉建て前の国・中国

◉国際社会での「ゴリ押し」
◉日本だけは反論できない
◉アメリカには強硬でない中国政府
◉こんな相手に謝罪するものか！
◉力関係で弱い立場にある相手には面子があるから謝らない

第4章 中国人はなぜ平気でパクるのか……135

◉ディズニーランドまでパクる
◉ガンダムもマックもケンタも上島珈琲も
◉上海万博パクリ騒動の落としどころ
◉ベンツもアディダスもソニーも
◉国家も黙認する「パクりでも儲かればよい」
◉偽造技術はNo.1
◉年齢も生死も偽造横行
◉勝手に商標登録して「ニセモノ」呼ばわりも
◉日本の地名も中国のもの
◉命にかかわるニセモノも
◉信用よりも目先の利益

第5章 中国人はなぜサービスができないのか……163
◉右肩下がりの「中国への親しみ」
◉尖閣諸島沖事件で急降下
◉中国人が起こした凶悪事件
◉国際結婚をめぐるトラブル
◉日本での生活が始まると……
◉中国人妻の悲惨な事件
◉なぜ愛想が悪いのか
◉中国人のサービスが悪いのは社会主義のせい？
◉プライドが接客のじゃまをする
◉なぜサービスが必要なのかを教えればできる
◉中国人顧客の心を摑む方法
◉歩合制なら大丈夫か

第6章 中国人観光客はなぜ日本に来るのか……195
◉資生堂はなぜ成功したのか
◉本当に中国人は不動産を買い漁っているのか

◉中国人旅行者で稼ぐ方法
◉中国人で稼がざるをえない温泉
◉都内のシティホテルの実態
◉福岡では朝、船で着き買い物して夜出港
◉中国人観光客誘致で成功するには
◉中国人向けコンシェルジュ
◉中国はこのまま発展するのか

おわりに　223

中国&日本　略年表　228
参考図書　232

中国略図

地図制作＝ atelier PLAN

はじめに

「日本に対して謝罪と賠償を要求する」

これは2010年9月に起きた尖閣諸島沖事件で衝突を繰り返した中国漁船の船長が釈放された際に中国政府が放った言葉だ。巡視船に一方的に衝突してきたにもかかわらず、それに対して堂々と謝罪と賠償を要求する行為。もちろん日本側はその要求を一蹴したのだが、船長を釈放する前には温家宝首相が、

「船長を釈放しなければ、中国はさらなる対抗措置を取る用意がある。その結果についてのすべての責任は日本側が負わなければならない」

と、激しく日本を追及していた。そしてレアアースの輸出規制や建設会社フジタの社員4人を拘束するなどの〝恫喝〟を中国政府は続けた。が、これは何も尖閣諸島沖事件だけのことではない。建国以来60年あまり、中国の外交のやり方はなんら変わっていないのだ。たとえば中国国内の日本総領事館や日本料理店が襲撃された'05年の反日デモのときでも中国政府は「日本

がその原因を作った」として謝罪も補償も行っていない。さらに'07年12月から'08年1月にかけて中国から輸入された冷凍餃子に農薬が混入し購入した客が中毒症状を起こした事件でも中国側は「農薬は日本で入れられた可能性がある」として非を認めることはしなかった。結局'10年3月になって製造元の工場に勤務していた中国人の犯人が拘束されたが、このときにも中国政府からの謝罪の言葉はいっさいなかった。

そのつど日本人は中国の強硬な姿勢に戸惑い、困惑を覚えてしまう。あまりにも中国および中国人の考え方を知らなすぎることにも実は原因があるだろう。中国は一筋縄では理解ができない国なのだ。都合の悪いときには沈黙し、自分に利があると思えば、うるさいくらいの主張を繰り返す中国政府。

そして、最近日本で目立つ中国人も、政府と同じようにかなりうるさい。

渋谷駅から池袋駅まで昼過ぎの山手線に乗っていたときのこと、車両の端のほうから女性の怒鳴り合うような声が聞こえてきた。車内でケンカをしているのだろうか？　ケンカなら止めようと、お節介にも近くに足を運んだのだが、40～50代のおばさんたちが車内の端まで聞こえるような声で喋っていて、それがケンカをしているように聞こえていただけだった。この大きな声というのは東海道新幹線の車内やシティホテル、そして家電量販店、銀座や新宿の繁華街の道端など、いろいろなところで出くわしている。皆さんも、「うるさいなあ」と感じたことがあるだろう。

さらに中国人は中国政府と同じように、自己主張を繰り返し妥協を許さないような対応を見せる。そこには、物事を丸く収めたいというような日本人が持つメンタリティはあまり見かけられないのだ。

日本と中国は距離が近くて古くから交流をしているはずなのに、どうしてこんなに双方の考え方が異なるのだろうか？　戦後の一時期は一般の日本人と中国人との交流は絶えていたが、'72年の日中国交正常化から40年近く、そして中国が〝鎖国〟状態から改革開放政策を'78年12月に決めてから30年余りが過ぎた。中国は着実に国際化の道を歩み、改革開放化後には日本に多数の留学生がやってきた。'10年には中国から観光客も年間140万人訪れている。ただし、'11年3月11日の東日本大震災によって状況は一変した。日本を訪れる外国人観光客は激減し、当然中国人観光客の姿もなくなった。また、三陸沿岸の水産加工場や福島県内の農場で〝研修〟していた中国人研修生や留学生たちも帰国してしまった。しかし震災から3ヵ月を過ぎた頃から中国人観光客は戻り始めている。今後は徐々にではあるが、再び中国人が日本中を席巻することになるだろう。

これだけ〝交流〟をしているのに、日本人はどうも中国人のことを理解できていないようだ。

「なぜ、中国人はうるさいのだろう？」

という素朴な疑問。日本人の常識と中国人の常識との間には相当の乖離があることがすでに明らかになっている。それは、ルールを守らない、デザインや商標をパクる。また自己主張が強い、協調性がないなどだが、それではなぜそうするのか？　そこには日本人が知らない中国人の持つ独特の考え方、生き方があるからなのではないかと推測できる。

また、中国人による犯罪も多々報道されている。ピッキング窃盗や、クレジットカードなどの偽造、そして残虐な強盗殺人事件でも中国人の名が取りざたされている。中国からきた留学生や研修生による犯罪が多かったのだが、それにはどのような原因があるのか？

そして中国からくる留学生の質がどんどん落ちているという批判の中、日本は中曽根元首相が提唱した『留学生受入れ10万人計画』を達成し、今度は『留学生30万人計画』に向けて舵を切った。このことで日本国内で摩擦は起きないのだろうか？　また、中国からの個人観光客への訪日ビザの制限を緩和したことによって、より一般の日本人との〝交流〟が増加することでの摩擦は起きないのか？

古くから、中国は外交上手で日本は外交下手だというような論調が日本のメディアでは多く流されているが、はたしてそうなのだろうか？　尖閣諸島沖の件では日本政府の外交下手が証明されたが、中国政府も上手だったわけではない。日本に対する強硬な姿勢は大国主義的だし、'10年のノーベル平和賞を中国人人権活動家が受賞したときにも、授賞式に出席しないように他国に圧力をかけ、それが国際的に批判されている。ほかにも中国の外交史を振り返ってみると意外な事実が見えてくる。一党独裁という政治体制、それに付随する中国指導部内の権力闘争などを理解しないと中国政府の対応の仕方は理解することが難しいだろう。

また、中国は社会主義国でありながら、貧富の差が激しく『格差社会』とも言われているが、その原因すら多くの日本人には理解ができていない。

日本人はこれまでなんとなく中国という国を理解している、と思っていた。それは隣の大国でいわゆる礼儀の国、大人の国といった良い意味だったが、そのイメージは中国人による凶悪犯罪や餃子事件などや、ふだん接する中国人のうるささ、自己主張の強さとか愛想のない態度によってガラガラと崩れている。その原因がわからなく、もどかしいというのが日本人が持っている素直な感想であろう。

この理由のひとつとして、中国人が元来持っている気質を解説するような情報があまりにも少ないことがあげられる。同じ東洋系なのに日本人と中国人の考え方は根本から異なっている。これは同じく隣国の韓国と比較すればよくわかるのではないだろうか？　韓国人がうるさい、マナーが悪いという声を聞くことはほとんどない。この違いはどこからきているのか。中国人は胸襟を開いて付き合えば、非常に情け深い人々だ、と言う在中国の日本人も多くいることは確かだ。

しかし、最低限、中国人はこのような考え方をする、中国政府はこう動くという道筋が立てられれば中国人との接し方、見方に参考になると思うが、そのような情報は意外に少ない。単に「うるさい中国人による事件」の表層だけが、マスコミ報道されるばかり。このままでは、ただ「反中感情」があおられていくことになる。情報不足によって「反日感情」があおられる中国国内と変わりがないのだ。

仕事の必要上中国人と付き合わなければならない方、中国でビジネスをしなければならない方、また中国人を雇用しなければならない立場の方もいるだろう。しかし、中国人の本質を理解しなければ真に交流することはできないのではないか。

本書は「中国人はなぜうるさいのか」という素朴な疑問から始まり、中国人の気質や中国の社会の仕組みなどをわかりやすく解説している。これを読んで、中国人というものを理解して真の交流が生まれることになれば幸いである。

なお、本文では元と円の換算レートを1元＝13・5円として計算している。

第1章

中国人はなぜうるさいのか

中国人に「占領」された新橋の雑居ビル

「中国人ってこんなにうるさいとは知りませんでした。なぜあんなに大きな声でまくし立てなければならないのでしょう。中国人同士のお喋りってまるでケンカをしているように聞こえますよね」

目の前で、30代ぐらいの中国人女性たちが、フロアに響くような大きな声で会話を交わしていた。ここは、東京・新橋駅烏森口。待ち合わせ場所として有名な蒸気機関車の近くにある『ニュー新橋ビル』だ。戦後の闇市があった場所を整理して駅から歩いて10秒の土地に40年前の'71年にニュー新橋ビルが建てられ、そこには旅行社や洋服屋のテナントを始め喫茶店や居酒屋、金券ショップなどが入り〝サラリーマン御用達〟のビルとして親しまれていた。しかし、この2～3年、ビル内に中国人女性従業員たちの姿が目立ってきて問題が持ち上がっている。

冒頭で中国人のうるささや傍若無人の振る舞いに腹を立てているのは、このビルの地下1階にあった居酒屋『まぐろや　あかね』の元従業員の青木博美さんだ。

「ウチの店の入り口で待ちかまえていて、ウチに入ろうとするお客さんの前に立ちふさがって腕を引っ張って、『ウチのほうが安くて美味しいよ』って自分たちの店に連れていこうとします。それに異なるお店の中国人従業員同士がツバを吐くような勢いで言い合っているのか、喋っているのかわかりませんが、とてもうるさい。相手を威嚇するような喋り方だし、手も振り上げてとにかく大きな声です。『静かにしてくださいね』と注意するのですが、そうすると『日本語わからな〜い』っていう具合ですからね。お客さんと日本語で喋っているのだから日本語は理解しているのだろうけど、都合が悪いことは知らんぷりです。常連のお客さんたちは『雰囲気が悪くなったねえ』と同情してくれましたが、フリのお客さんは地下のフロアに降りるなり凄い勧誘に恐れをなしてしまい、客足も遠のいていきました」

確かに、エスカレーターやエレベーターの前のフロアで網を張るようにお客につきまとう中国人女性従業員の積極的すぎる勧誘にビルの地下に行きたくなくなる気持ちはよくわかる。

また、このビルの2階には中国式マッサージの看板を掲げたテナントが十幾つもあり、そこでも化粧をバッチリと決めた中国人女性マッサージ師が勧誘に余念がない。ニュー新橋ビル商店連合会の平野壽事務局長は、この件について、

「いやあ、本当に困っているんです。このビルはテナントごとに所有権が分かれていまして、我々が強制的に規制することができません。これが池袋や新宿の繁華街で公道上の勧誘なら規制はできるのでしょうが、ビルの中は公道とは違い、いわゆる交通法規から見ても規制の対象外なんですね。廊下を歩いて勧誘するなんて日本人の感覚では他のお店の迷惑になるから絶対にやらないことでしょ。何度か警察署から指導にきてもらいましたが、どこ吹く風状態です。

中国人の方はテナント所有者から場所を借りて商売をしているのですが、長期的に商売をする気がなく、儲《もう》かればそれでいいという感じで他のテナントさんとの調和を考えてくれません。

そして堂々と大声を出して勧誘をするものですから、印象が悪くなってしまい、客足が遠のいたと頭を抱えている洋品店もあります。私もこれまでは中国人と直接面と向かって接することもなかったのですが、なぜあんなにうるさく、そしてこちらの注意を聞かないのか、日本人と同じような容姿だけにとても不思議な気分になっています。これは文化の違いなんでしょうか？　'11年3月の震災直後は中国人女性の数は一時減りましたが、店は閉めていませんでした。8月現在では全盛期の8割ほど戻っています。たくましいですよ」

改善策が浮かばずに平野事務局長も頭を抱えている状態だ。前出の居酒屋は中国人の影響もあったのか、'11年6月には40年弱の歴史に幕を下ろして閉店してしまった。

京都―新大阪間の新幹線で大騒ぎ

私は各地を飛び回る仕事が多く、公共交通機関を利用したり、各地のホテルに宿泊することがかなり多いが、そこで中国人を見かける機会が多かったので、中国人がうるさいとは以前から感じていた。

3年ほど前、私は週に1～2度東京と大阪を新幹線で往復、大阪に宿泊する機会が続いていた。初夏のことだった。帰京するべく昼過ぎに新大阪駅から新幹線の車両に乗り込んだ私は、すぐに車両の中がうるさいことに気がついた。車両は空席が多かったが中国語が飛び交い、40～50代の10人ぐらいの男女が中腰になり窓の外を覗いて大騒ぎをしている。カジュアルな服装の彼らは席に座らずに通路を行ったりきたりして大声を出していた。新幹線に乗ったら、溜まっていた書類のチェックをしようと思っていたのに、思考を止めてしまうような耳を刺す大きな声に目論見は外れてしまった。他の日本人乗客たちも圧倒されたように呆然とその団体の様子を眺めつつ、無関心を装っている。このまま東京までこの騒ぎと付き合うのか、参ったな、車掌さんに注意をしてもらおうかなと思っていたのだが、15分ほど走った次の京都駅で彼らは全員降りてしまい、車内には静けさが戻ってきた。

別の日には、下りの新幹線で、京都駅で中国人旅行者たちが新大阪駅まで乗る場面にも遭遇した。相変わらずうるさい。車両の端から端まで通るほどの大声が飛び交った。新大阪駅までのわずかな時間なので我慢はできたものの、ここでも他の一般乗客の非難をするような視線を気にせず、中国人たちは大きな声で喋っていた。

海外旅行に舞い上がって、周囲が見えなくなるからうるさいのだろうか？　それにしても公共の場所で周囲の空気を読まない振る舞いにはその後も遭遇する機会が増えた。なぜ新幹線で中国人旅行者と接触する機会が増えたのか？　中国人団体旅行の日本旅行ルートの中に、わずかな時間だが新大阪駅と京都駅間の新幹線乗車体験を楽しむオプションがあり、人気が集まっているというのだ。そんなことはまったく知らないので、その後も何度か見かけたが、こんなわずかな距離をわざわざ乗るというのは不思議だと思っていたものだ。

銀座を席巻する中国人観光客

中国人が日本人の身近な存在になりつつある。冒頭で紹介した中国人女性従業員もそうだし、新幹線やホテルでの中国人旅行者もそうだ。日本にはこのほかにも留学生や研修生として中国人が滞在しているし、就労や国際結婚で日本で暮らす中国人も増えている。ただ中国が'78年に改革開放政策に転じてからも、一般の日本人が中国人と接するという機会は少なかったのだが、近年その機会が増大し、そこで〝見知らぬ中国人〟に戸惑う日本人が増えているのだ。

そのひとつが銀座でも見られる。東京というより日本の代表的なショッピングの街銀座にも中国人観光客が押し寄せているからだ。

彼らは一昔前の日本人観光客と同じでブランド品、そして権威が大好きで、日本人観光客がパリのシャンゼリゼでショッピングをしたのと同じように銀座でショッピングをするという行為がステータスになっている。そのため銀座のいたるところで彼らの声が響いている。銀座4丁目の交差点に30分もいれば中国人の団体観光客の姿を見ることができる。30～40人で、公園を散歩するようにゆっくりとした足取りで歩道を横に広がって周囲を眺め大きな声で喋りながら歩いたり、「ユニクロ」「フォーエバー21」「アバクロ」「ZARA」「H&M」などのファストファッションのショップの前に群がってウインドーを覗いているのだ。

その後ろには一般の歩行者がいるのだが、彼らが歩道を占拠するように立ち止まったりゆったりと歩いているので、追い抜くこともできない。怒りたい気持ちを抑えて、「ソーリー、すみません」と声をかけても、自分たちがどう迷惑をかけているのかを理解できないようで、避けてくれるということはなかなかしてくれない。

「銀座で買い物をするということは、中国人観光客にとってはステータスなんです。『銀座で買ってきた』ということを中国に帰って近隣の人や職場で自慢をしたいので、ほとんどの方が銀座観光を希望します」（中国人団体旅行添乗員）

中国人観光客に人気なのが化粧品の購入だ。

銀座でも一番のお目当ては、資生堂の製品だ。資生堂は中国へ'80年代に進出した〝古株〟で中国人たちに知っている日本の企業名を尋ねると必ず名前がでてくる。

資生堂はJR新橋駅寄りの銀座8丁目に直営店『THE　GINZA（ザ・ギンザ）』を構え、そこに中国人観光客が詰め掛けて、ここでも彼らの大きな声が響いている。ショッピングをする時間が少ないためなのか、50代以上らしき中国人のおばさんが店員に、

「アレ、見せて」

と大きな声で声をかけている。その横でも30代くらいの女性が、

「私にも見せて」

と負けずに大きな声を出していた。本来、高級感が漂う店内なのだが、まるでバーゲンセールの会場のような雰囲気になっている。

資生堂の中国に対するビジネス戦略については後述するが、このショップには中国人店員もいて中国人観光客の応対をし一個12万円もするスキンケアの化粧品が人気になっているのだ。

秋葉原で食ってかかる中国人

銀座と同じように必ず中国人団体観光客が足を運ぶのが秋葉原の電気街で、街中いたるところに中国語の表示が溢れている。ここでも店内に響き渡る大きな声で話をするのは彼らの特徴だ。売り場の日本人店員は、

「団体で買い物にくるのは、中国人が多いので、仲間が集まっているという意識からうるさいという面があるかもしれません。実際、韓国や台湾、それにタイやフィリピンの方々と比較しても突出してうるさいのは中国の本土からきたお客さんです。

中国からのお客さんは店員に食ってかかるような喋り方をしますし、他のお客さんに説明をしているのに順番を待つことをしないで横から喋ってくるので困ります。最近は中国人観光客専用に対応させるために、秋葉原では中国語のできる店員を置く店が多くなりました。ただ、同じ中国人でも香港や台湾からのお客さんはそれほどうるさいということはありません。それは香港や台湾のお客さんが海外旅行に慣れているのに対し、本土からのお客さんが慣れていなくて舞い上がっているからじゃあないでしょうか」

どうして中国本土からの観光客はうるさいのだろうか？

秋葉原にショッピングにくる多くの中国人観光客は観光バスを利用している。観光バスの運転手の鈴木洋二さんは、7年ほど前から彼らを乗せることが多くなり、観光地を廻っているという。

「そりゃあ、中国の観光客はうるさいですよ。海外旅行が初めてなんでうるさいんじゃないですか。私はもう慣れてあきらめていますが、最初のころは、まるで怒鳴り合いのように聞こえましたから本当に驚きました。

中国の方は、うるさいだけでなくバスの床に平気でゴミを捨てたりすることもあるし、タバコを路上に捨てるのも平気です。それと宿泊先のホテルのタオルやスリッパなどの備品を持ち帰るという話をホテルの従業員の方から聞いたことがありますが、ウチでもバスの備品で運転席の横にあったパソコンが盗まれたこともあって参りました。

ただ同乗する中国語のガイドさんが、団体客が来日したときに『日本ではむやみに大きな声を出してはいけません。ゴミを道やバスの中に捨ててはいけません』と最初に注意しておくと中国の方も多少は守るようになるようです。

それでも、日本人観光客なら旅行が終わるときには我々運転手に対して『お世話になりました』と挨拶をしてバスから降りていきますが、中国人観光客は一度もそんなことはありません。中国は礼節を重んじる国だというイメージがあったのですがねえ」

ショッピングを終えた中国人団体旅行者が店舗の前で、歩行者のじゃまになることなど頭にないように歩道に広がってタバコを咥《くわ》えて大声で談笑していた。近くには灰皿が用意されているにもかかわらず、気軽に路上にポイ捨てして観光バスに乗り込んでいく。

このような光景は秋葉原だけではなく都内の家電量販店でも、観光地でも見うけられる。そして中国語での案内表示は全国の有名観光地はもちろんのこと、地方の商店街にも拡がってきている。それだけ中国人観光客が日本に浸透している証でもあり、日本側も彼らの購買力に期待しているのが現状だ。

中国人と日本人の触れ合いの歴史は浅い

不況のおり、日本中の自治体も中国人観光客を受け入れようと躍起になっているが、実は中国人観光客が大挙してやってくるようになったのはこの5年くらいのことだ。

中国人団体観光客の来日の歴史を振り返ってみよう。

'78年末に鄧小平が鎖国状態だった中国を開放すると宣言し、'80年代初めに日本に留学生が入ってきたのが戦後の日本と中国の文化交流の始まりだった。その初期に日本にきた中国人留学生たちは中国政府から派遣された国費留学生で、その数は1000人未満。この留学生たちは日本の技術やシステムを勉強して、中国の役に立てようという志を胸に来日し、その多くが日本の大学院で学ぶほど優秀な学生たちだった。

この時点では一般の日本人が中国人留学生と接する機会というのはほとんどなかったが、その後私費留学生も受け入れるようになり、研修生や就学生（大学に通う前の日本語学校の学生を就学生という。'10年に就学生という言葉は留学生に統一された）も数多く来日した。'00年には本格的に団体観光ビザが発給されることになり、一般の日本人と中国人が接する機会がどんどん増えていったのである。

つまり中国人観光客が来日するようになった歴史というのは非常に浅く、それは中国国民の所得が低かったことにも原因がある。このため、当初の観光客は政府の高官とか大会社の経営者などに限られていたが、中国の経済力が増すにつれて一般人（といっても富裕層だが）の旅行者の数は右肩上がりとなる。日本政府観光局（ＪＮＴＯ）の統計によると来日中国人観光客は'98年には約27万人だったのが、'09年には１００万人を超えた。'09年７月には年収25万元（約３４０万円）以上で、北京や上海などの大都会で生活する者にビザを与えるという個人観光ビザの発給も解禁されたのである。しかし、旅行日程の提出が義務付けられるなどの条件が厳しかったことで、個人旅行者が増加することはなかった。そこで'10年７月１日からはその条件を大幅に緩和する決定がなされ、官公庁や大企業などに勤めていて、年収６万元（約80万円）以上か大手クレジットカードのゴールドカードを所有しているという基準を満たせば日本への旅行が認められることになった。

これによって、これまでの１６０万世帯だった中国国内の対象世帯が一挙に10倍の１６００万世帯となり、飛躍的に中国人観光客がふえるのではないかと観光庁は予想をしていた。予想どおりに中国人観光客は前年比の倍近くまで跳ね上がったが、'10年９月に起きた尖閣諸島沖事件によって旅行のキャンセルが続き、中国人観光客数は１４０万人にとどまることになった。

さらに、'11年3月11日の東日本大震災により、中国人観光客は激減し、研修生、留学生の多くは帰国してしまった。6月になって西日本を中心にようやく観光客が戻ってきている。

40年前は日本人も海外で顰蹙

さて、中国人観光客のうるささというのは、'60年代半ばに海外旅行が自由化された当初の日本人団体旅行者の海外での振る舞いと共通しているのだろうか？　前述した観光バスの運転手や家電量販店の店員が、うるささの原因を、「海外旅行に慣れていないから、高揚した気分でうるさくなっているのでは？」と、指摘するからだ。そこで、日本人に海外旅行が解禁された当時と比較をしてみた。

外務省によると、日本人観光客の海外旅行が許可されたのは'64年4月のことで、当時は一年1回限り、500ドル（18万円）までの外貨の持ち出し制限が設けられていた。'66年1月には制限が撤廃され、'72年には海外渡航者数が100万人を突破し、海外旅行が身近なものになっていったという歴史がある。隣の家のおじちゃん、おばちゃんが海外旅行に行く、というだけで羨望のまなざしを向けられてからまだ40年しか経っていないのだ。

当時、日本人団体旅行客は行く先々で、かなりの顰蹙を買っていた。アメリカの雑誌には

ＪＡＬの鶴のマークが入った紺色のバッグを肩に掛け、首からはカメラを下げた、出っ歯で眼鏡をかけた貧相な体格の日本人団体旅行客のイラストが非難じみた記事とともに掲載されていたことを思い出す。立ち小便はするし、平気でステテコ姿でホテルの廊下を歩いたり、レディーファーストの地域にもかかわらずに我さきにエレベーターに乗ったり降りたり。レストランでスープをいっせいにズルズルと音をたてて飲んだり、慣れないナイフやフォークでチャンバラをするように金属音をたてて悪戦苦闘したり、フィンガーボールで入れ歯を洗ったり……。

そのころ、ハワイに行った都内在住の自営業の久保信二さんに当時の様子を伺った。

「戦後食うや食わずの時代を経てきて、海外旅行に行くなんて夢みたいな時代にＪＡＬパックというのができまして、安い海外旅行ツアーを売り出したんです。安いといっても50万円近くしたので、今考えるとかなり高額な値段です。１ドルが３６０円の時代のことですが、でもなんとか海外に行ける値段に取引先の問屋さんがしてくれまして、個人負担を抑えてくれたので団体旅行に参加をすることになりました。

当時我々は欧米のマナーというものをまったく理解していないわけですから、テーブルマナーもめちゃくちゃで食事が終わってからゲップをする者もいれば、爪楊枝でシーハーする者もいて、今振り返ってみれば赤面することばかりでした。観光地でも緊張して、写真を撮るのが精一杯で、自分がどこを回ったのかも記憶にありません。ただ、隣近所へ配るためにお土産をたくさん買いましたねえ。海外旅行が夢の時代ですから、お土産を配ることによって、自分がささやかながら見栄を張ることができるかな？　ということはありました。

当時は日本の輸入関税が高くて舶来ウイスキーなんてふだんは買えませんでしたから、免税店で大騒ぎして大人気のオールドパーやジョニ黒、ダンヒルのタバコは全員が買ったと思います。それだけ日本の関税が高かったし品揃えが豊富なお店に憧れが強かった思い出がありますす。団体旅行客がうるさい、ということは多少はあったかもしれませんが、日本人は気が小さいというか、周囲のことを気にしますのでそれほどうるさかったということはないと思います」

と、久保さんは40年前のことを懐かしむ。

郷に従わない中国人

日本人団体観光客は30年ほど前からは、フランスのパリでバッグやスカーフなどのブランド品を手当たり次第に買い漁ると批判を浴びるようになった。それは今の中国人団体観光客にも似ているようだ。だが、中国人がうるさい理由はそれだけではなさそうだ。

彼らのガイドも受け持ってきている大手旅行会社の添乗員、橋本康子さんが話す。

「中国人の観光客がうるさいということは事実だと思います。海外旅行の経験が少ないからうるさいのかな、と感じることはありますが、それにしては度がすぎています。海外旅行で大事なことは〝郷に入っては郷に従え〟ということ。行った先にはその地域のルールがあるわけで、それを無視して自分たちの好き勝手に対応しては嫌われるでしょうね。

中国人はうるさいと周囲に思われていることを認識できていなかったり、うるさくしてはいけないルールが日本や欧米にはあるのだ、ということを知らないのかもしれません」

秋葉原でショッピング中の大連からきた50代の男性に尋ねてみた。

「私たちはうるさいということはないですよ。中国でもこうだから、日本での旅行中も自然に振る舞っているだけです。自分たちは気にならないですけれど」

彼は意外だという表情を見せ、いっしょにショッピングをしていた仲間たちも頷いていた。どうやら、中国人観光客はそうは感じてはいないようだ。

添乗員の橋本さんが指摘する〝郷に入っては郷に従え〟という言葉に、私も苦い過去の出来事を思い出した。'80年代初めに私は欧州で旅行者のガイドをやっていたことがあるが、さる日本人の客を連れて高級レストランで食事をした際、いざ支払いのときになって男性ウエイターが血相を変えて私のところにやってきた。

聞くと、食事をした客が料金を支払う段になってチップを支払わないのだが、と文句を言いにきたのだ。チップは日本語では心づけと訳されるようで『気に入ったらチップを支払いましょう』などと日本のガイドブックには書かれている。しかし、これは正確ではない。本来は、レストランの対応の仕方がよほど悪くなければ料金の10～20％は絶対に支払わなければいけないというルールになっている。欧州のレストランではウエイターは客からのチップで生計を立てているのが実情だからだ。金払いの良い客を摑んでいるウエイターは他のレストランからスカウトされたりするほど重要な職種で、ウエイターが血相を変えて、ガイドの私のところにくるのは当然のことだった。

そのときの客というのは、日本の有名な会社のY社長だった。私は、「ウエイターにチップを支払っていただけませんでしょうか？」と、お願いをしたのだが、

「オレはチップを払わない主義でね。たいしてサービスも受けていないし、オレの主義だからしょうがないだろう、他の国でも支払っていないし」

と、平然と言い張る。「いいえ、よほどウエイターの接客対応が悪かったら別ですが、そうでなければチップを支払うのは最低限のマナーじゃないですか」と言ったものの、「いいよ、いいよ」と、手を振りながら、さっさとレストランをでていってしまった。

「うるさい」中国人団体観光客の場合はどうなのか。前出の添乗員の橋本さんは、

「日本人の場合は注意をされたら素直に謝るお客さんが多いですが、中国人は自分がうるさい

と思っていないようなので困るんです。まだ国際的なルールの理解力が足りないようですね」

と、指摘する。

人口が多いからうるさい

しかし、うるさいのは中国人団体観光客だけではなく、日本で暮らしている中国人もそうだ。電車の中やファストフード店内で大声を出している中国人を見かけることも多い。

そこで私は古くから日本に住む華僑の友人や、日本で働く中国人サラリーマンや留学生たちに、この疑問をぶつけてみた。

「中国語の発音に問題があるのじゃないですか。たとえば同じマーと発声するにしても高音から出すマーもあれば、腹の底から出すマーという発声もあります。このような発音の仕方は日本語にはありませんから、聞く側からすれば違和感を持つ可能性があると思うのですが」

と解説したのは、都内の中華料理店のオーナーの劉孝光さんだ。彼が試しに発声すると、なるほどかなりの抑揚があり、うるさいという感じにはなる。しかし、同じように喉の奥から絞り出すような発音があるオランダ語やスウェーデン語を聞いてもうるさいとは感じない。

実は90％以上の方が答えたのが、

「中国は人口が多く、競争が多いからうるさいんだよ」

というものだった。中国の現在の人口は13億人とも言われるが、人口が多いと声が大きくなって、うるさくなるというのか？

その理論からいくと、次にうるさい国は人口10億人とも言われるインドになってしまう。まあインド人でもかなり大きい声の人はいるが、中国のようなうるささとは根本的に違うのではないか。また、逆に人口の少ない国は喋り方も静かだということになるのか？　そんなことはないはずだ。それでは中国国内での中国人はうるさくないのだろうか？

'04年に四川省の成都の大学に留学した足立百合さんは、こう指摘する。

「初めて中国を訪れたときの成都の空港ロビーは四方八方から中国語が飛び交って想像した以上のうるささだった記憶があります。そのときに若い女性係員と搭乗客らしき中年の女性が大ゲンカをしていまして、原因が何なのかはわかりませんでしたが、女性客が大声を出して椅子を振り回していたのにはさすがに驚いてしまいました。しかし、こんなことは日常茶飯事で、町の食料品店でも列車やバスでもとにかくうるさいし、街角で口ゲンカをしているのを見かけることも珍しいことではありません。初めはショックでしたが、長く住んでいると慣れてしまうんです。しかし、日本でいうマナーは通用しないし、いろいろな面で中国と日本は真逆で、本当は遠い国じゃないかと思いました。今も年に数回行ってますが、行くたびに最初の１日、

2日目はうるさいなあと感じますが、滞在しているうちに慣れちゃうんです」

このことについて黒龍江省ハルビンからの留学生、李暁南さんは、こう言って微笑んだ。

「私が中国で暮らしているときには、喋り方がうるさいと感じたことはまったくありませんでしたし、友人たちも自分がうるさいとは思っていません。ところが初めて日本にきて、まず日本人の会話が静かだし、電車の中とかバスの中でも静かなのには本当に驚きました。これは中国では考えられません。中国人は皆で集まってワイワイ喋るのが好きで、それで声が大きくなることが多いと思うんです。バスの中でも他のお客さんの迷惑など考えずに大きな声で喋ります。でも日本では他のお客さんの迷惑にならないように声を潜めるでしょう。これが違います。日本で生活をしていくうちに、私も喋り方が静かになってきたと思います。日本に3年間滞在していますが、年に1度中国に帰ると中国ってうるさいなあと感じるようになってしまいました」

自己主張をして勝たなければ生きられない中国社会

結局、旅行で高揚した中国人旅行者だけでなく中国人には元来〝うるさい〟という資質があるようだ。それではなぜ中国人はうるさいのか？　日本の大学院を修了して現在は都内の中国系の貿易会社に勤務する王其雄さんが言う。

「人口の多い中国では、生存競争が激しくて、生きていくためには自己主張が必要なのだと中国人は常に考えています。だから相手に対して自分を認めてもらうために声が大きくなるのは当然のことです。生存競争が声にでる、とでもいうのでしょうか。ロゲンカでも相手を論理的に打ち負かすよりも相手より声が大きささえすれば、それが〝勝ち〟になると考えているのです。そして勝った者が偉いという価値観を中国人は持っています。そのような社会ですから必然的に声が大きくなるのです」

なんとも乱暴な理屈にも聞こえるのだが、前出の四川省に留学していた足立さんも、

「中国人社会の場合は理屈は後からでもついてきます。理詰めという考え方はしないで、理不尽でも声を大きくすることで、自己主張をして自分の存在を周囲に認めさせなければ勝ちに繋がらない、という考え方があると思います。日本人だとそこまで言わなくてもわかるということでも、中国では以心伝心というのは通用しないんです。はっきりと自己主張をして勝たなければ生きていけない社会だから、どうしてもうるさく聞こえてしまうのではないですか？　それを補うために中国人は自信過剰な発言や振る舞いが多いですね」

前出の留学生の李さんも、

「中国人が自己主張が強いということはあるでしょう。自信を見せなければ相手を説得させる

ことができません。それを大きな身振りと大きな声で補っていると思います」

と言う。確かに、中国人は何の根拠もないのに、

「ボクに任せれば問題ないです」「全部わかってます、大丈夫ですから」

という言い方をする。このことは中国人を店員として雇っている居酒屋やコンビニ店の日本人店主も指摘することだ。しかし、自信満々に答えていながら結局うまくいかない場合が多いことも事実だ。これが中国人特有のうるささの因《もと》にもなっているのではないか。この中国人の自信過剰の態度や発言というのは、ウソをついた人間が言葉が多くなるというのと似ている。ウソつきはそれをごまかそうとして言い訳をするために、つい口数が多くなるからだ。


それと同じことで、自己主張が強い中国人は自分が喋っていることを正当化させるために必要以上に大きな声で喋る。そして勝つということが非常に大事な中国人にとっては、大きな声は重要なアイテムということがいえるだろう。中国人は自信過剰の演出で自己主張を押し出し、相手を屈服させて勝ちを摑み取るために〝うるさい〟社会になったと考えられる。

さて、そのような社会とは、どのようにして成り立ってきたのだろうか？　中国の近代の歴史を振り返ってみよう。

力で作られ維持される国家

たとえば現在の中国、中華人民共和国は'49年に建国されたが、それは選挙によって作られたのではなく〝力〟によって作り上げられた国だった。第二次世界大戦が終了したのは'45年だが、戦争が終わってからも中国国内では毛沢東の共産党と蔣介石の国民党との間で覇権を争う内戦が続いていた。結局敗れた国民党が台湾に渡り、中国本土に中華人民共和国が建国されたのである。

この国家は人民が選挙によって選んだ国家ではないという意味で力で作られた国家という言葉を使ったのだが、中国の歴史上、力以外で権力者が替わったという歴史はほとんどない。

元も明も清も皆力ずくで奪い取った権力で成立した王朝で、平和裏に権力が移譲された歴史というのは中国には少ない。ただ、1911年に起きた辛亥革命で中国の歴史上初めて君主制が崩壊して共和制に移行し、中華民国が成立して民主的な国家構築を目指したが、結局は共産党との内戦で敗れ、民主国家が成立することはなかった。もっとも、近代化されるまでの世界中も同じことで、たとえば日本の歴史を振り返ってみても、江戸時代というのは徳川幕府が力で奪い取ったうえでの幕府だったし、明治政府というのも、被害の大小の差はあるものの薩長連合の力を基に作られた政府だったといえるだろう。

ただ、日本の場合は'45年の終戦を境に、アメリカの主導だったとはいえ現在の民主主義が根付くことになった。そして高度成長路線に乗り'70年の大阪万博の前後から日本社会は国際競争力を持ち、〝一億総中流〟という言葉が生まれたほどの〝平等〟な社会環境が整ったのである。

ところが中国の場合には、現在では王朝という名前は付いてはいないが、共産党という独裁政権が続いている。このことは、何を意味しているのだろうか？

独裁社会というのは頂点に立つ者が自分自身の考え方で社会の仕組みを変えられることを意味する。中国は歴代このような頂点に立つ者から支配される社会が続いているのだ。一握りの支配階級は思いつきによって民意を抜きに簡単に社会の仕組みを変化させることが可能で、人民は支配する側に少しでも近づくことによって恩恵を受けたいという上昇志向が強い。

なぜなら独裁者が簡単に社会の仕組みを左右できることで、人民はその影響をもろに受けるからだ。その最たるものが中国全土を混乱に陥れた'66年からの文化大革命だった。それ以外にも共産党を代表とする支配階級の〝命令〟に翻弄される社会が続いているのだ。

しかし、独裁政権の中国は鄧小平が改革開放政策を提唱して以来、独裁的な開発手法によって経済を飛躍的に発展させることに成功した。それは民主主義国家ならば議会の承認を得られなければ開発ができないような案件でも、独裁政権では可能になるということを意味する。高速道路をどこに通すかも、工場誘致開発も、国家的なプロジェクトも独裁政権の思いのままに操れる。最近はそれほど目に余るような強権発動は少なくなったが、現在の中国の発展はこの独裁政権の後押しによって成立してきたことは否定できないだろう。

政権の根幹に関わるようなチベットやウイグル自治区の少数民族問題や台湾問題などに関しては強硬な姿勢を見せる中国政府だが、すべてをゴリ押しするわけではない。人民の様子を注意深く観察しながら政治の舵を取っている場合が多いし、何よりも年々所得が増え、暮らしぶりが良くなってきたので、人民の不満が抑えられているのだ。

皇帝や共産党が独裁を繰り返してきた中国においては、なんとしても勝った者が偉いという考え方が、今も国民の心の中にはしっかりと根付いている。上昇志向が強く、勝たなければ認められない社会の中国と日本とは決定的に異なっており、そこに自己主張をするためにうるさい中国人独特の喋り方が生まれたのだろう。

また、法律はあるものの中国は法治国家ではなく〝人治国家〟である。これは法律よりも人の力（権力者）で治める国家のことで、人の力のほうが法律よりも上である社会のことを指している。中国ではこれで何が悪いという考え方が大勢を占めており、

「法で裁くか、人で裁くかだけの差ではないか」

という論調に中国人は疑問を挟むことはない。それよりも、長い間ずるずると法律の解釈を巡って裁判が続いていくことが多い日本の〝法治国家〟のほうがまどろっこしい、という考え

方の中国人が多いのだ。では人治国家の「人」とは誰なのか？　現在の中国社会を検証していくと意外なことが見えてくる。

中国は社会主義国家だから平等な社会だろうと勝手に想像をしていた日本人がかつては多かった。これは'49年の建国直後から'78年の鄧小平の改革開放化あたりまで、共産主義というのは平等の社会だと日本のメディアや中国研究者が主張していたことが要因だ。しかし現在では、中国の社会は所得格差が激しく貧富の差が問題となっていることはよく知られている。

ところが、である。'49年の共和国成立の時点から階級社会だったということはあまり知られていない。共産主義国家では当たり前のことなのだが、いちばん強い立場にいるのが共産党の党員であり、その頂点にいるのが国家主席の元首ということになる。そして地方政府のトップも共産党員というピラミッド形の社会が最初からあった。で、人治というのは、主席を頂点とする共産党最高会議体制のことを指している。

中国の階級社会などの社会事情を研究し、『不平等国家　中国』(中公新書)などの著作がある園田茂人東京大学大学院情報学環アジア情報社会コース教授に話を聞いた。

「現在の中国が共和国の設立当初から階級社会であったことは言うまでもありません。一党独裁ですからそれはしょうがないでしょうが、各地方の政府も同じようにピラミッドの体制となっており、おのおのの頂点が集まって中央の共産党がそのトップに君臨しているわけです。

ところで共産主義国家での〝平等社会〟という観念は個人個人で考え方が異なると思うんですね。何に関して平等なのか？　それは収入なのか？　テレビや冷蔵庫がある暮らし方なのか？　漠としているわけです。

共和国成立後の中国の社会における〝平等〟とは人民が等しく食えるということ、字が読めるということだったんです。これを達成することで人民の支持が得られる、という社会だったわけです。中国の十数億と言われる人民を食わす、ということが非常に困難な命題だった時代が'70年代後半まで続いてきたのです。そこを忘れてはいけません。

中国は政府が命令する社会という意味で人治国家と呼ばれていますが、やはり人民たちが上層部に認められるためには自己主張というのは大事なわけです。これは党の上層部の中でも同じことです。ただ、それはどちらが正しいのかというものではなく、誰が相手を言いくるめる力＝ディベート力があるのかで選ぶのです。力というのは、当人がバックにどのようなパイプを持っているのかも含まれます。そして面子《メンツ》を守っていくことが中国では大事なのです」

人治国家では、上に立つ者に権力がより集中する。中央だけでなく地方政府でもそれは同じことで、極端に言うなら利権などを手に入れられる立場であるから上にいれば安泰ということになる。だから人民はその地位に辿りつきたいし、その地位の者とのパイプを作りたいと考えている。それゆえに中国では官というのが大きな力を持っているのだ。

日中の官僚主導は相当違う

振り返ってみれば、日本の社会も明治時代から官僚が主導する社会だったが、公務員は国民のために尽くす職種という認識は戦後になって国民の間に拡がっており、市民に対して面と向かって怒鳴りちらしたり、命令を下すような事態はない。あったとしても議会がチェックする し裁判もある。せいぜい〝お役所仕事〟や〝公務員天国〟という言葉が残っている程度だ。

これに対して中国の官僚は日本人が想像するよりも遥かに大きな力を持っている。日本の国会にあたる全人代（全国人民代表大会）の上に共産党があるのだから、権力の大きさは言うまでもない。これは地方政府でも同じことだ。

北京に留学している吉村清彦さんは言う。

「公安（日本でいう警察を中国では一般的に公安というが、警察という言い方もする）なんか、職務質問をするときに、『オイ、コラこっちにこい』と、完全に上から目線できますからね。日本のお巡りさんがそんな態度を取ったとしたら、大問題となることでしょうが、中国ではとにかくどこの役所の係員でも、威張っているのが目につきます。平気でタバコを要求する者もいます。それに中国人特有ですが、物を投げてよこすんです。パスポートをポイッと投げ返されるとまったく文化が違うなあと感じます」

公職に就いている中国人が威張っていることは中国に行った者は誰もが指摘することで珍しいことではない。その意識の中には自分たちが〝支配者だ〟という気持ちがあるからと理解すればいいだろう。前出の中国人留学生の李暁南さんも、このことを裏付けるような意見だ。

「それは中国では当たり前です。公務員は強いのです。中国では強い者が勝つ、という社会であることを理解しないといけません。共産党員など明確に位の上の者に対してはどうせ負けますからケンカを売ることはありません。街中とか店頭でケンカをしているのは、同じクラスの者同士だから怒鳴り合いのケンカが起きるのです。強い者にはへつらい、弱い者は叩く。これが中国人の基本的な考え方ですから」

〝弱きを助け強きをくじく〟という日本の浪花節的な考え方は中国人にはほとんどないのか。

「だって弱い者を叩くほうが簡単じゃあないですか。なぜ強い者と戦う必要があるのか？　中国人はそう考えます」

と、李さんは不思議そうな顔をする。

中国からきた儒教の教えは、中国では通用しない

かつて一般的な日本人は中国に対して、隣国であり、日本とは古くからの付き合いがあると

親近感を持っていたことだろう。遣隋使や遣唐使が中国に派遣されて、仏教、儒教から漢字に至るまで中国の影響は計り知れない。日本は中国から取り入れた情報や制度をそのまま利用するのではなく、漢字の読み方なども日本人が使いやすいようにアレンジして取り入れてきた歴史がある。逆に中国のほうでも日本に伝えた後で変わってしまったこともある。

日本人の根底にある『ウソをつかないで正直に生きて親孝行をしなさい』といった儒教思想はもともと中国からきた。だから今も中国人も同じ考え方なのだろう、と推測しがちだ。このような日本人の思いこみが、実は中国人を理解できない大きな背景なのかもしれない。

前出の園田東大大学院教授は、こう指摘する。

「中国からは仏教とか儒教のほかに漢字もきました、箸もそうです。しかし、一般の日本人と中国人は明治まで交流はなかったわけです。歴史的に言うならば日本人の学者が中国からきた書物によって中国を学び、それが日本中に波及していくという時代が続いてきました。学ぶものが書物からですから現実の社会とは乖離している場合もあるわけです。

日本人学者たちはまだ見ぬ中国を書物で勉強し想像を掻き立ててきました。それによって学者たちの心の中では中国を『ユートピア』のような存在と捉えるようになったのかもしれません。それが日本中に広がっていったということは指摘できると思います。江戸時代には鎖国などによって中国の本質を見られなかった。これが中国に対して一方的に好意を持った理由ではないでしょうか」

専修大学の大矢根淳教授は、'79年に大平正芳首相（当時）が提唱した『全国日本語教師育成訓練クラス』の日本側のメンバーとして北京で日本を研究する中国人たちを指導していたことがある。

「確かに日本人は歴史的に見れば、仏教や漢字を代表とする中国の影響を多大に受けていたことは間違いありません。中国に対して文化的にお世話になっていたと考える日本人が多いのは理解できます。明治以降は日本の大陸進出があって、多数の日本人が中国に渡ったわけです。すると中国国内の素顔が見えてくることがあったわけですね。公衆道徳がひどく、道端に痰を吐くとかゴミを捨てるというように不潔な町並みのことも知ったわけです。また、賄賂の政治形態などを見るにつけて、これでは日本の国家のほうが優秀だという優越感から朝鮮や中国を蔑視する風潮もありました」

余談だが、大平首相が提唱した『全国日本語教師育成訓練クラス』は通称〝大平学校〟と呼ばれ、5年間で600人以上の日本語教師を育成し、その後'85年には『北京日本学研究センター』と名称を変えて現在でも中国と日本を繋ぐ重要な役割を担っている。

中国の戦争賠償放棄の裏

終戦後、中国政府が日本に対しての戦争賠償請求を放棄したことで、経済的に大変だった日本は救われ、中国という国は情に厚いという世論が日本で形成されたことも日本人にはかなり大きな影響を与えている。

この近辺の歴史を振り返ってみよう。終戦の'45年当時、中国は蔣介石の国民党と毛沢東の共産党の間で内戦状態だった。結局それが'49年まで続いて中華人民共和国という共産党独裁政権が立ち上がった。しかし、当時は台湾に逃れた蔣介石の国民党のほうが国際的には認められ、国連の安全保障理事会の常任理事国の座に就いていた。常任理事国は第二次世界大戦の主な戦勝国のアメリカ、ソビエト、イギリス、フランス、そして中国の5ヵ国となっており、議決に対して拒否権を持っている。当時は中国とは台湾の中華民国を指していた。

しかし、'71年に国連の常任理事国の座を台湾から奪い、ようやく国際社会に復帰を果たした中国は、国交を樹立した日本に対して、条約で戦争賠償請求はしないことを明記した書面に署名をしている。

「さすが中国だ、周恩来は大人だと当時は中国に対する日本人の評価が上がりましたよ」

とは前出の商店主の久保さんだ。前出の園田教授も、

「日本人が中国に対して感謝の気持ちを持ったことは確実だと思います」

と指摘する。

ところが、'78年に日中平和友好条約を結んだ後から、中国は日本から巨額の政府開発援助（ODA）をずっと受けている。それも自分のところは日本のODAを引き出していながら、アフリカの貧しい諸国には中国が援助をしている。

これはアフリカ諸国の豊富な地下鉱物資源を採掘する権利を得るために事前にツバをつけておこうという中国政府の戦略なのだろう。日本国民は中国が戦争の国家賠償を請求しなかった〝借り〟というのは非常によく覚えている。もちろん、日中戦争で中国に対して多大な迷惑をかけてすまなかったという贖罪の気持ちを持っていることは言うまでもなく、それで中国に恩を感じている日本人が多いのが現状だ。

中国政府は日本人が中国に対して持つ〝恩〟を知っているからなのか、靖国神社への政治家参拝を強硬に批判し、尖閣諸島も同じで日中間の問題では常に強い立場で主張し譲らない。結局、戦争賠償金の何倍もの効力を手に入れているのではないかと感じるほどだ。園田教授の意見はどうだろう。

「これは非常にナイーブな問題なのです。周恩来がはたして自分だけの考えで賠償請求をしなかったのか？　党の決定権というのを当時誰が握っていて、どんな根拠で判断をしたのか、まだ解明されていません。当時の国際情勢を見ると、中国とソビエトが対立をしていました。中ソ関係と戦争賠償放棄とがどうリンクしていたのかなど、まだ即断ができないところです。ただし、戦争賠償放棄や侵略戦争によって日本人が中国に対して申し訳ないという気持ちを持っていたことはあるでしょう」

しかし、日本人がこれだけ中国に対して感謝もし、中国から有形無形の恩恵を被っていて、中国に対しても莫大な援助をしているのだから、当然ながら中国人も日本に対して親しみを感じる特別な思いを持っているのではないかと日本人は思っている。ところが特にそのようなことはないのだ。

中国という国および国民は自分たちの国が世界の真ん中にある、という中華思想の国であるから、日本など眼中にないのが歴史を振り返るとよくわかる。中国にとって日本は昔から未開の属国のひとつでしかなかった。

現在、中国は北朝鮮、ベトナム、ロシア、モンゴル、インドなど、14もの国と地続きで国境を接しており、それらの国々からどのようにして自国を守るのか、国内の治安を安定するにはどのようにしたらいいのか、ということにもっとも神経を使っている。チベットやウイグルの自治区、台湾の問題もそのうちのひとつだが、中国が最も警戒をしているのはロシアであり、アメリカの出方である。日本はアメリカの後ろ盾があるし経済大国だから蔑《ないがし》ろにできない、といった存在でしかないのだ。

ただ、19世紀の清王朝末期になって、欧米の列強諸国の干渉をうまくすり抜けて明治維新を成功させた日本に学ぼうという風潮が中国で大きくなり、日清戦争から10年後の1904年当時には中国から2万人もの留学生が日本にきていたという記録も残っている。清王朝末期にはイギリスやフランスやドイツなどの欧州列強からの干渉を受け、国家の体制は揺るぎ始めており、そこで明治維新を成し遂げた日本に学ぼうという気運が高まったのだ。1905年には孫文が日本で中国革命同盟会を結成するなど交流は深まり、日本人も積極的に〝教師〟として中国に渡って新しい中国建国に向けてのアドバイスの活動を行っていた。結局中国は、日本が欧米列強からの支配を逃れて、独自の発展を遂げ始める姿を見て初めて〝眠り〟から覚めたことになる。

欧州人が見た明治維新直後の日本と中国

当時の清と日本の様子を、幕末から明治時代にかけて日本に居住し、東京神田駿河台の「ニコライ堂」にも名前を残すロシア正教会の宣教者ニコライ・カサートキン（1836～1912）が記録している。その著書『ニコライの見た幕末日本』（中村健之介訳・講談社学術文庫）から興味深い部分を引用してみよう。

『(日本は)ヨーロッパに対して門戸を開いてわずか十五年経つか経たぬかで、政府並びに国民の気風がどれほど変わってしまったことか！　政府は言うに及ばず、封建諸侯までがほとんど例外なく、総力を挙げて蒸汽船を建造し、ヨーロッパ製の武器を入手し、兵隊にヨーロッパ式戦術を施し、ヨーロッパの言葉と科学に通じた青年たちを雇おうと懸命になっている。

国民は突如目ざめて起き上がり、すべての者が自国の後《おく》れをまざまざと目にし、実に真剣かつ精力的に事態の改善に努めているのだ！　すべての者が、ヨーロッパのものを見たい、それを知りたい、学びたいと、熱烈に欲している！　日本の青年たちが外国へ出る機会を獲んとしてどれほど必死になっているか、日本に住んでいる人なら知っている。もし物理的に可能であったら、日本人全体の半分が外国へ学びに出て行く、そう言っても決して過言ではない。

これが、中国と似ていると言えるだろうか。中国は何百年にもわたってヨーロッパ人に接しながら、いまだに、自分たちがヨーロッパ人に学ぶ筋合いはない、ことは逆であって、ヨーロッパ人がやって来るのは中国の賢なる知の光を借りるためなのだ、と思っている』

幕末の日本人が必死になって近代化に踏み出している様子を描き、反対に中国人は〝中華思想〟で、ヨーロッパ人のほうが中国に教えを請うと感じている、というのだ。ニコライはさらに日本と中国との関係をこう分析している。

『かつて日本は自ら大いに積極的に中国文明を受け容れた。千六百年の長きにわたり、日本は一貫して中国文明の監督下にあり、骨の髄までその文明に染みてしまったかのようであった。家の建て方から宗教的信念に至るまで、ありとあらゆる面に中国の模倣がある。（中略）

彼らの神道でさえ、やはり古代中国の宗教の借用ではないかという疑いがある。こうしたことは、日本人の民族としての才能の矮小《わいしょう》さを（中略）証明していると、言えば言えるのであろう。しかし同時にこれは、日本人が驚嘆すべきほどにしなやかな気質をそなえているということをはっきり知るための好例でもあるのである。中国文明の膨大な集積は、何やら、期限上の契約があって受け容れられていたもののような具合であったのだ。いまやその文明は不要になった。すると日本人は、あたかも古い着物を棄て去るように、いとも軽々と、こだわりも無くその文明を投げ棄てる。そして、臆面《おくめん》もなくと言いたくなるほどの大胆不敵な手つきで、ありとあらゆるヨーロッパ的なるものにつかみかかっている』

日本人が中国のものを何でも受け入れたという記述は、若干乱暴だが、中国と日本との関係は外国人にはおおむねこのように見られていたのだろう。

そして日本は幕末から凄まじい勢いでヨーロッパ的なものを取り入れて、列強諸国に植民地化されずに近代化を成し遂げた。これが列強諸国に干渉ばかりされていた清国の国民たちの目には〝眩しい〟ものと映っていたことは、清国からの留学生が日本に押し寄せて〝勉強〟をしにきたことからも明らかだ。

歴史的にはこの当時、日本と中国の間に密接な交流があったといえる。しかし、その後は戦争を経て、'45年の終戦から'72年の日中国交回復までは交流は限られた形にとどまることになる。その大きな原因は「文革」にあった。

文革が中国社会に与えた影響

文革——文化大革命は'66年から'76年ごろまで中国全土に吹き荒れた粛清の嵐で、何千万人もが犠牲になったと言われているが、その犠牲者数すら中国政府は公表をしていない。本来は、当時のソ連や東欧などの修正主義を批判し、内部抗争を抑えたい中国政府がその基盤を強固なものにし、国民の団結を図るために政治・思想・文化などの改革運動とするはずだった。

当初は資本家階級や地主などが標的になったのだが、その後、学者や作家・医師などの知識人も標的となり、紅衛兵と呼ばれた青年たちが政府の命を受けてそれまでの古い価値を全否定して粛清の先頭に立った。また、毛沢東に次ぐ№2の座にいた林彪が内部抗争に敗れて裏切り者として儒教思想家の孔子とともに批判の的にされ『批林批孔』という運動も起きたのである。

中国の国会にあたる中共11期6中全会で採択された『建国以来の党の若干の歴史問題につい

ての決議』（'81年6月）では、文化大革命を『指導者が誤って発動し、反革命集団に利用され党・国家や各族人民に重大な災難をもたらした内乱である』と表明している。要は共産党内部の権力闘争を既存の価値観を破壊するという名目にすり替え、それに国民が巻き込まれたということだろう。

しかし、文革によって中国は約10年間にわたって〝鎖国〟状態となり、国際社会からはまったく姿を消していた。このような粛清の嵐ともなれば、国民は情よりもいかにして生き残るのかに知恵を巡らすことは頷けるし、中国人が上の様子をうかがい、上に行きたいというのはそれが〝生存〟に繋がっているから当然のことなのかもしれない。

前出の専修大の大矢根教授は、文革についてこう言う。

「'45年に終戦となって日本と中国は交流が途絶えてしまい、'72年の国交正常化まで、ごく一部の日本人しか中国国内の様子を見ることができなくなりました。中国政府に都合の良い記事を書かなければ日本人記者は国外追放される時代ですから、文革が美化されて日本に伝わってきたわけです。それで日本の中国研究者の大部分が文革を肯定的に捉えたということになるのですが、中国研究者も中国に対して〝憧れ〟のような意識を持っていたからこそ、あのような評価となったのではないでしょうか。ともあれ、文革が中国人の心に深い傷となっていることは間違いないでしょう」

「情に厚い中国人」という評価を覆した事件

その後、中国が一躍脚光を浴びたのが、'79年ごろから日本で大きな話題となった中国に残された残留日本人孤児問題だった。終戦のどさくさで肉親と生き別れになった孤児たちが日本にやってきて、肉親を捜しだすという報道に、日本人の多くは涙を流して中国人の養父養母に対して感謝の気持ちを持ったものだった。

戦争賠償放棄の件や、残留孤児問題、そして儒教の国という印象から中国人は情に厚い国民だ、と日本人が思っていたことは繰り返し述べているように疑いはない。ところが中国人が日本にくる機会が増えてから、これに疑問を投げかけるような事態が起きた。

その代表的な例が'02年1月に大分県で起きた強盗殺人事件である。殺害されたのは〝留学生の父〟として慕われていた吉野諭さん（当時73）で、19〜26歳の中国人・韓国人の留学生グループ5人が金品強奪の目的で吉野さん宅に押し入り、吉野さんを殺害し奥さんに重傷を負わせた。吉野さんは自身が中国吉林省で終戦を迎え、現地の人に助けられた経験から中国人留学生の身元保証人となったり、自身が経営する建設会社にアルバイトとして中国人を雇っていた。ところが吉野さんが身元保証人となった留学生が、強盗に入った犯人グループの主犯格だったから『恩を仇で返した』『中国人には情がないのか』と話題を呼んだのである。

これも日本人が中国人に対して潜在的に持っていた〝情に厚い国民性〟というイメージがかなり影響をしているからこそ、大々的に報道されたのだろう。この件に関し、北京の日本人商社マン、木村伸介さん（仮名）は、

「確かに大分の事件はセンセーショナルでしたが、犯人の資質というのも大きいのではないかと思います。一般的な中国人は個人的に親しくなったら日本人よりも非常に親切で情に厚い国民性を持っていると思います。一度信用したら尽くす、という感覚ですね。個人差はありますけれど、その点は確実です。でも中国には頂点の命令で社会がガラッと変わってしまった文革というのがありましたから、そんなふうになるのが怖いという意識を中国人は持っています。それまであった価値観を百八十度転換させて国民同士を不信感に陥れた記憶はなかなか消えません。それもあって中国人は上の様子をいつもうかがっていなければ生き残れないし〝勝てない〟わけです。そうなると、情よりは勝つほうが優先されることは確かでしょうね」

日本よりアメリカに近い中国人気質

中国人気質について、商社マンの木村さんが続ける。

「個人的には情に厚い中国人ですが、社会的には実はドライで、アメリカの社会と似ているの

ではないかな、と感じることが多々あります。たとえば私の会社で働いて親しくしていた中国人の仲間が急に会社を辞めると言い出したのですが、その理由はほかの会社のほうが給料がいいからというものでした。大きなプロジェクトの最中で、彼もそのメンバーなのに、まったく聞く耳を持たなかった。辞めるのは自由だけど、それまで商売を教えた恩というのはまったく通用しないんだと感じました。日本人ならたぶんそうはならないと思うのですけれど」

アメリカは多民族国家で民族によっていろいろな考え方や価値観があり、それゆえに何事においても契約書を交わすことが重要視され、それを履行するために法律に依存する法治国家となった。一方、中国は絶対的な皇帝（主席）の下で人民が生活を送る人治国家となっており、自分よりも上の地位にある者の命令がすべてという社会だ。

中国とアメリカは社会体制は異なってはいるが、自己主張が強くなければ生き抜けない社会で、その責任が自分に返ってくる割合は日本よりもずっと高い。それに対して日本は自己主張よりも宥和を重んじる平等で優しい社会だ。それが良いのか悪いのかは別にして、そのような社会になっているのだ。

前出の留学生の李暁南さんが言う。

「中国人は、人から命令されるのをとても嫌がります。会社に勤めたとしても、上司からの命令は自分の考え方とは違っている、と不満を持つことが多い。自分のために会社がなければならないというのが根底にある考え方ですから、そこが日本人とは決定的に異なっています。ですから、その会社のために骨を埋める覚悟で働いていこう、などと考えている者はほとんどいません。会社を踏み台にしてステップアップしていこう、または独立して起業しようとするのが中国人の考え方です」

確かに、'80年代に中国から留学してきた学生たちは、中国に戻って起業したり、日本に留まって起業したりすることは珍しいことではなかった。これが日本人の場合では、欧米に留学して帰国しても、大企業や研究所に入ることが多く、起業しようと考える学生は少ない。それは日本の会社が報酬面とか人間関係において居心地がいいという面があるからだろう。

上海からの留学生、周有傑クンも中国人が持つ起業精神のことを指摘する。

「ボクの同級生も皆自分たちで起業することを目指しています。自分の好きなように会社を動かしていきたい、これが目標です。ボクも今は日本のＩＴ企業で働いていますが、中国に戻ったら起業するつもりです。自信ですか？　そりゃあありますよ」

ここでは起業するのがいいのか悪いのかというのを問うのではなく、中国人社会では起業するほうが社会的に〝勝てる〟可能性が高いからそちらに動くのだ、ということを理解してほしい。それが日本人社会と中国人社会の決定的な差なのだろう。

中国の会社と日本の会社を比較すると、日本は平等な社会で、まるでぬるま湯の中にいる家族的な会社が多く、日本人にとっては非常に働きやすい環境ともいえる。目立つことが得策ではなく、我を押し出すよりも周囲との和が非常に重要になっている。ただ、近年は〝小泉改革〟と称する社会構造の変化が日本社会にも押し寄せてきており、人材派遣が広く法律で認められることになり、社会制度が根本的に変わってきている。

本来なら通訳業などの専門的な職種に限っての人材派遣だったのに、労働法の改悪によってなし崩し的に人材派遣の幅が広がり、結果的には一般労働にまで派遣が行われるようになった。これでは、日本固有の会社に対する忠誠心とかやりがいというものは生まれなくなるのは明らかだ。一方の中国は、成果を出さないとクビになってしまう成果主義社会で、従業員はマシンの一部でしかありえない。

極端に言うなら中国社会は勝った者が偉いので、他人に対して気を使う必要もない。勝つためには何をやってもいいという社会で、そのことを十二分に知っているからこそ、中国人は我を出してステップアップを目指す。

皆が上昇志向だから中国人は声も大きくなる。声そのものもうるさいし、勝つために主張しすぎるメンタリティも含めて、日本人にとってはうるさく感じられて仕方がないのだ。

第2章

中国人はなぜマナーが悪いのか

中国人が住民の半数近くの大団地

「中国という国は礼儀の国だから、中国人は礼儀正しいと思っていたのですが、いざ接してみたら真逆でした」

そう苦笑するのは埼玉県川口市の芝園団地自治会の韮澤勝司役員だ。

「私は25年前にここに入居しましたが、そのころは中国人どころか外国人の入居者なんていませんでした。ところが今や2200人近くの中国人と韓国や中近東の外国人たちがこの団地で暮らしているんです。中国人の人口密度は日本一かもしれませんよ」

ここは'78年に日本住宅公団（現在はUR都市機構）によって、15階建て15棟の高層賃貸住宅団地が誕生した。かつては電車の製造工場があり、そのために団地のすぐ脇をJR京浜東北線などの線路が通っており、電車の窓からは西側沿いに高く連なる建物が見られる。

JR蕨駅から徒歩7分ほど、都心まで電車で30分余り。自動車でも都心から北上する国道17号線で板橋区との境の荒川を渡って10分もあれば着く。交通の便が良いのに比較して賃料はそれほど高くなく2DK〜3DKの間取りで5万〜10万円台と人気を呼んでいたが、そこに中国人が7〜8年前から住み始めるようになったというわけだ。その数はどんどん増えて'11年1月現在では日本人が2613人、中国人が1978人となっている。

URの説明によると、ここには住民票や収入証明書などの書類を揃え、保証金として家賃の3ヵ月分を支払えば保証人は必要がなく、国籍も関係なく入居することができる。

「15年ぐらい前に最初にここに入居した中国の方が大学教授だったか何か偉い方だったらしいんです。当時の中国人の入居者は、IT関係の研究者とか大学の研究者で教育程度も高いし、国際学会もあるでしょうから国際社会を経験しているのでマナーについても問題はありませんでした。団地の隣にある小学校でも中学校でも成績上位者は中国人の生徒が多く、東大に進んだ生徒もいたほどですから『中国人は優秀だ』と日本人の保護者たちからも感心されていた時代もありました。中国人入居者が増えたのは、なかなか民間のアパートやマンションに入居できないという理由もあるでしょうが、日本で頑張っていたこの中国人の教授を中国のテレビ局が追いかけて番組を作って放送したのが大きいようです。芝園団地は交通の便がいいし、緑も多くて環境がいい。団地の横には幼稚園、小学校、中学校もあり暮らしやすい、というのが中国国内で放送され、5〜6年前から急激に中国人の入居者が増えました。ところが、入居者が国際的なマナーを知っている方ばかりではなく、言ってみれば質が落ちてしまったんでしょうね。まあ信じられないほどマナーを守らないので呆れているのが現状です」

芝園団地は、最近リフォーム工事が行われたということで、築30年余りの団地としては外壁もきれいで落書きもなく、荒れ果てた団地という印象はまったくない。管理もしっかりしているようで、各棟の玄関スペースやエレベーターなどの掃除をしている清掃員の姿も多数見かけるし、ゴミも路上には見当たらない。団地の中心部の広場では幼児たちが走り回り、それを母親たちが微笑みながら眺めているというのは他の大型団地の風景と変わりはない。

団地内のショッピングアーケードにはスーパーマーケットや雑貨販売店、そして中華料理店や韓国料理店などの飲食店が並んでいるが、シャッターが閉まったままの店舗も多く、大型団地にならば必ずあるはずのカツ丼や天丼を出す日本そば屋が見当たらないのは珍しい。

「中国人の入居者が増えてから、ショッピングセンターもすっかり様変わりしてしまいました。中国人向けの食料雑貨店などができましたが、日本そば屋さんは撤退して、日本人入居者の平均年齢も高くなり、その子供たちは独立して外へでていきました。それでここに住む若い世代というのは中国人入居者が多く、彼らはお金を使いません。ですから見切りをつけて廃業や移転をする経営者が多いんです」(団地内の商店主)

団地の公共スペースを汚しまくる中国人

この団地での中国人のマナーが大問題になっているというのだが、まず団地の日本人の住人たちが口を揃えるのは、とにかくうるさいということだ。

「エレベーターの狭い箱の中でも大声だし、スーパーでも中国人同士が言い争うような声で喋るのを聞くと、疲れてしまいます」（30代・主婦）

「ケンカでもしているのかな？　と思うような喋り方をしているのには慣れてきましたが、早朝に団地の真ん中にある広場で喋る大きな声には本当に迷惑をしています。7階の自分の部屋までその会話が入ってくるのですから相当の大声です。喋っているのは老人たちで、中国から仕事で日本にきてここに住んでいる息子さん夫婦のところへ、後からやってきた両親たちのようです。とにかく朝は早く夜明け直後から騒いでいるので、窓を開けて寝ている夏には、その声で目が覚めてしまい、それが毎朝ですから夏バテになってしまいます。それと夏には真夜中まで花火をするんです。爆竹もします。日本の常識なら人家から離れた河川敷でも夜の9時にはやめるでしょ。でも団地の真ん中で夜11時12時までバンバンと花火を鳴らされたら参ってしまいます。パトカーも何回も呼ばれていますが直りません。というのも、中国人の住人はここに住むのは腰掛けのようなもので愛着などないんです。中国からくると最初にここに住み、日本に慣れたら都心などに引っ越していく方が多く、次から次へと新しい方が入居してきます。腰掛け感覚だから住環境を良くしたいという意識はなく、マナーを向上させるというのは非常に難しいという面があります」（60代・男性）

「ボクは中国人がこんなにマナー知らずだとは思ってもいませんでした。彼らは人の迷惑を考えることはなく、痰もツバも吐くし、ゴミもそこいらにポイ捨てをします。ゴミの分別を何度注意しても直らない。ゴミ置き場には小学校の低学年でもわかるようにビンや缶とかペットボトルのイラストがある中国語の説明書きが貼ってあるのですが、それを守らないんです。理解できません。また注意をすると『日本語わかりません』ってしらばっくれる。彼らは都合が悪いとそう言うのが常套手段です。それと、ところかまわず立ち小便はするし、大便までするんです。それも建物の中でですよ」（70代・男性）

耳を疑うような話だった。

——建物の中で大便ですか？

「ええ、そうです、信じられないでしょ。X号棟で実際にボクが発見しているんですから。各階のエレベーターホールの脇に4畳半くらいのスペースがあって肘掛けのある木製のベンチが置いてあるのですが、そこで誰かがウンチをしていたんです。たぶん、肘掛けの部分に両足を上げてやったと思いますが、いや、ビックリしたというか呆れ果ててしまいました。廊下や階段でオシッコをして注意をされている中国人は多いので、あれは中国人の仕業だと思っています。他の棟でもウンチがあったという話も聞いていますから。本当に勘弁してほしいんです」

オシッコについては他の住人からも指摘された。60代の女性入居者は、

「かなり年配の女性の方でしたが、非常階段のところでうずくまるようにして用を足していま

した。どうして家でしないのか？　本当に不思議だし、不潔です。ここに住む知人も自宅のドアの前に水溜まりのようにオシッコがしてあったとショックを受けておりました。私はここに長年住んでいますが、どこに行っても中国語で、できればどこかに引っ越したいという気持ちです」

もし自分が住む建物内でそんな光景に出くわしたら、住むのが嫌になるのは容易に想像ができる。

「中国人はゴミについても分別をしない。でも、収集場に出すならまだいいほうで、廊下や窓の外にポイ捨てをする住人もいます。中国人の住居を訪ねた知人によると部屋は凄くきれいに使っているというのですが、どうして公共の場所は汚しても平気だという神経を持っているのか不思議です」（前出・韮澤さん）

自治会費を払うのは650世帯中1軒

団地の自治会では『騒がないように』と中国語のポスターを貼ったりゴミの分別に関してのイラストや説明文を中国語で作ってエレベーターホールなどに掲示して、なんとか中国人居住者に守ってもらおうと苦心をしている。

「我々は快適な住宅環境を整えようと努力をしているのですが、約650ある中国人世帯のうち自治会に入会して年間3000円の会費を支払ってくれているのは現在わずかに1軒だけです。ほかは『ウチはいらない』『日本語わからない』とまったく協力的ではありません。

毎年8月には団地で親睦のために自治会で『ふるさと祭り』を開き、そのときには自治会会員には抽選チケットを配って抽選会をしています。'08年には自治会の会員ではないけれど、中国の方々にも楽しんでもらおうとチケットをあげたら、1等賞の5万円が中国人に当たって凄く喜ばれたんです。それで翌年の'09年には『チケットをくれ』という、たくさんの中国人の要望があったので『自治会に入ってください』と言うと、『じゃあいらない』『ケチ』という答えでした。会員でもない中国人が当選しても親睦だと思い、日本人の会員の方々は鷹揚に構えていたのですが、中国人のわがままな態度に日本人会員たちも失望をしてしまい'10年には会員に限ることにしました。中国は礼の国だし、大人の国だと思っていたのですが、ゴミの件などどうしても理解ができません。

どうも公共という考え方は中国にはないのか、どうせここには長く住まないからと思っているのかわかりませんが、〝旅の恥はかき捨て〟のような対応で、非常に困っています。

管理をしているUR側はマナー違反に関しては厳しく注意をするべきだし、中国人居住者には入居した時点で注意事項のパンフレットを配付すべきだと思いますが、お役所仕事が抜け切らないのかそのような努力をしてくれません。もともとURは住宅不足を解消するために税金を使って建設したのですから、税金を支払っていた我々日本人居住者が困っていること自体がおかしな話ではないですか。ここでキチンと対応しないと、日本中でここの団地のようなことが起きる可能性があることをもっと認識してほしいものです」

韮澤さんが指摘するように、今の日本の住宅事情を考えるとこのような団地が全国に広がっていく可能性が高いのだ。

高級ホテルのバイキングで横入り

マナーという点では中国人が宿泊するホテルでも驚くような事態が起きている。私が定宿としている大阪市内のシティホテルのフロントで、チェックインの手続きをしていると、例の大きな声の中国語がロビーを飛び交っていた。カジュアルな服装で眼鏡をかけ、髪を七三に分けた50代ぐらいの男性が20m以上も離れている仲間に向かって、声を出している。

何かの確認のために大声を出しているのではなく、そうやって会話をしているのだ。そのためにロビー中がその声に支配されてしまう。フロントの係員との会話にも支障がでるほどの声。ほかの客からの非難じみた刺すような視線もまったく関係なく大声の〝会話〟が続いていた。これは大きい声というよりも騒音だ。

「ずいぶんと賑やかですね。中国の団体の方ですか？」

その様子を眺めながら、旧知のフロント係に話しかけると、

「ええ、そうです。うるさくて申し訳ありません」

とすまなそうな顔をするのだった。

このホテルでは朝食をバイキング形式で取れるレストランがあるが、翌朝そこに向かうと、いつもは静かなレストランなのに中国人団体客が信じられないような大騒ぎを繰り広げていた。レストランに入りきれない客は外の廊下にある椅子に座って順番を待っているのだが、まずそこで大声での会話が繰り広げられている。私の隣に座っていたドイツからきたというおばさんと挨拶を交わすと、彼女は読んでいた本から目を離して、

「あれは、中国の方ですか？」

と尋ねてきた。

「そうみたいです。うるさいですね」

彼女はうなずいて肩をすくめるだけだった。

やっと順番がきて、レストランの中に入ると、中国人客の声でお祭り会場のような騒ぎになっている。ほかの客が並んで、静かにコーヒーを注いだり、サラダを取っているのを尻目に中

国人たちはきちんと並ぶこともなく、平気で横入りをして好きなものに手を伸ばしている。ホテルのコックがその場で作ってくれるオムレツを受け取るために並んでいる客がいるにもかかわらず、先に並んでいた仲間といっしょになって何皿も頼んで、自分たちが座っているテーブルに運んでいく。日本人や欧米系の客の非難じみた視線もまったく気にしていない。

静かに食事を取っている日本人客のテーブルの脇を小走りに食べ物を取りに行き、仲間を大声で手招きしたり、大笑いをするなど、朝から〝宴会場〟に入ってしまったような感覚になってしまった。私の脇のテーブルで食事を取っていたスーツ姿の欧米系の中年ビジネスマンがこの騒ぎに眉をひそめて、レストランのスタッフを呼んで、注意を促すようにとクレームをつけたが、結局団体がでていくまで喧騒は収まらなかったのである。その後は、中国人団体客を見かけたらホテル内の別のレストランに変えるという自衛手段を取ることにしている。

中国人ガイドの本音

’10年には１４０万人もの中国人観光客が日本を訪れた。彼らは日本にきてどのように観光をしているのか。まずはその実態を探ろう。

「まったく問題はないですよ。お客さんたちはいい方ばかりです」

中国人団体旅行の人気スポット東京・台東区浅草で35人の中国人旅行者を引率していたガイドの高佳貴クンは、開口一番、こう言った。だが、仲見世の商店街では、彼が引率をしてきた中国人たちが通りの真ん中で団子状態にかたまって大声で喋り合い、ほかの歩行者のじゃまをしている。タバコもそこいらへんにポイ捨てをしている。

——タバコを捨てるし、大声を張り上げていて問題じゃないですか？

「いや、私には問題がないってことで、ほかに迷惑をかけているのは別問題です」

広州から日本の大学に留学して、ガイドとなって4年目の高クンは流暢とはいかないが、日本語の会話に不自由はない。しばらく世間話をしていると、本音を喋りだした。

「私たちも客商売ですから、お客さんのことを悪くは言えないわけです。だから聞かれたら、『お客さんはいい方です』って答えるしかありません。わかるでしょ」

と茶色に染めたロングヘアーを撫でながら、

「本音ですか？　まあ、ひどいですよね。それでも'08年半ばごろまではまだまともでした。声は大きいけど、集合時間とかは守ってくれたんです。でも今は最低。我々ガイドの仲間でも『最近は田舎者ばかりだ』って愚痴を言い合っています。時間を守るもなにも、バスの中でボクの注意事項などの話をまったく聞かないでお喋りしたり、外を見てばかりいます。この仕事に就いたころには、お客さんには日本を楽しんでほしいと思ってサービス精神旺盛だったのですが、最近はどうでもいいや、という気分でお客さんに注意もしません。注意すれば逆ギレするお客さんもいますから面倒なんです。ですから好きなようにしてください、と考えたほうが気が楽です。気をつけなければならないのは失踪者を出さないことですから、無事に全員が帰国をしてくれたらそれでいいですよ」

なんとも寒々しい話である。旅行者を運んでいる大型観光バスの運転手さんは、

「ひと口に中国人旅行者といっても、都市部の方は賑やかですし、農村部の方はおとなしいですが、程度の差はあるものの平気で痰を吐くとかバスの中でもゴミを捨てますからマナーは悪いですね。そして、最近の中国人の団体さんは着ているものや身につけているものを見るとだんだんとランクが下がってきているような気がします」

中国人団体観光旅行者に対してビザ発給が行われるようになったのは'00年からだ。旅行中に団体から離れて〝失踪〟する不法労働者を締め出すために'11年現在でも旅行者は一人当たり10万元（約135万円）を保証金として旅行社に預ける規則となっている。

もし失踪者がでれば、中国の旅行社に対してのペナルティーがあるために旅行希望者の選定に旅行社は慎重だが、中国から日本への旅行者は震災まで右肩上がりで増え続けた。

中国からの団体観光旅行者は、法務省の統計によると'00年に解禁されて1062人、'05年5万8244人、'06年12万3955人、'07年22万7869人と倍々で増えてきて、'09年は33万

4632人と記録されている。

'10年法務省の外国人の来日者数の調べによると中国人は韓国人に続く第2位で、166万1222人が入国している。ちなみに3位が台湾の131万人強、そして4位が香港で約48万人だ。このうち観光が目的だった中国人は83万1652人だが、この数字はあくまで観光ビザで入国した人数で、たとえば日本の企業の招待で商用ビザで入国して商用と視察と称して観光旅行をしている中国人の数もかなり多い。このカテゴリーに属するのがいわゆる富裕層だ。

観光庁は中国人観光客のために'10年7月から基準を緩和したことは前述している。それによって'10年は当初、中国人訪日数が史上最高の勢いで伸び、目標の200万人を記録しそうだったのだが、'10年9月の尖閣諸島沖事件により客足は鈍り、結局約140万人という数字に終わってしまった。'11年に入ると3月11日までは順調にふえていたが、大震災で激減したのは前述のとおりだ。

ツアー料金がどんどん安くなって……

さて、観光客の質はどうなっているのだろうか。'10年現在、中国人団体観光客の多くは中国・香港・台湾の旅行社が企画したおよそ5000元(約7万円)のパッケージ・ツアーで、

5泊6日の日本旅行にやってくる。

団体旅行の黎明期の'00年にはパッケージ料金は1万5000元（約20万円）だった。それが1万元となり'08年ごろからは5000元と3分の1にまでなってしまった。旅行料金が低下したということは、それだけ中国人旅行者が来日できる機会が増えることになる。

当初の団体旅行で来日していたのは共産党の幹部や大手企業幹部が多く、いわゆる〝富裕層〟の視察旅行として、有名日本料理店や一定レベル以上のホテルに宿泊をしていた。大阪の老舗シティホテルを利用していたのはこの種の団体だったのだろう。しかしその後、日本にくる中国団体旅行のツアー料金は値が崩れていった。中国人が興味あるような場所を繋いで、詰め込み、経費を削ってツアーを組んでいったのだ。約7万円で往復飛行機代金も5泊分の宿泊代金も賄うのだから驚いてしまう。

これは中国国内の旅行社が客を奪い合い、価格競争が起きているためで、その結果、日本国内の旅行プランをいろいろと試行錯誤したうえでゴールデンルートという旅行プランが作り上げられ、現在はこれで団体客を募集している。

中国人団体旅行者御用達のゴールデンルートとは、中国各地から飛行機で成田空港または関西空港、たまに愛知県のセントレア空港に入国するところから始まる。ここでは関空イン成田アウトの大雑把な日程を説明していこう。中国から関空に到着し、迎えの観光バスに乗ってまずは大阪へ。ナンバや心斎橋や大阪城など大阪市内を見物し、ショッピングをした後で宿泊。翌日は京都市内の西陣織会館などの観光、奈良にも足をのばして名古屋または浜名湖周辺で宿泊する。翌日にトヨタの博物館などを見学して富士山の観光をし、箱根または山梨県の富士五湖周辺に宿泊。翌日は東京見物およびショッピングで千葉県内に宿泊。翌日も東京およびディズニーランドの見物で宿泊して、翌日に成田空港から帰国するという日程になっている。移動はすべて観光バスで、地域ごとに地元の観光バスを利用する例が多いようだ。

オプションで東海道新幹線の新大阪―京都間に乗車できるプランもある。確かにこのルートを辿れば中国人観光客に人気の富士山を見て温泉も堪能し、東京でショッピングと観光も入りディズニーランドにも足を運ぶことができる。ぎっしりと詰め込まれた旅行日程だが、これがゴールデンルートと呼ばれているのだ。

一般の日本人が東京―新大阪間を新幹線で往復すれば約2万8000円かかる。ビジネスホテルで5泊したら軽く4万円近くになる。いくら団体割引とはいえ、それに往復の飛行機代も入り食事代、観光バス代が加わって合計7万円とは激安だろう。これで旅行社は儲けがでるのだろうか？

「団体旅行が解禁になった'00年に比較して今の旅行は、食事のメニューも宿泊するホテルも最低のレベルです。はっきり言いまして、これは日本に行ったという事実と日本の風景を見ただけの『安かろう、悪かろう』というツアーですから、旅行者も満足はできないと思います。旅行社の儲けも少ないですよ」（前出・ガイド、高クン）

東京観光で旅行者の宿泊するホテルは、実際は千葉県の浦安、木更津周辺の交通の便が悪いビジネスホテルが通例で、部屋も狭い。

「日本にきた中国人旅行者が驚くのは宿泊するホテルが貧弱なことでしょうか。『日本人はこんなホテルに泊まるのか？　我々が中国人だからこんなホテルを用意したんじゃないか』と文句を言うお客さんが何人もいます。きっとカルチャーショックに近いものがあるのでしょう。『日本のホテルはこうなんです』と説明をしても、『日本は経済大国だというのに中国よりも貧しいんじゃないか』とお客さんに言われます。まさか『あなた方の支払っているツアー料金ではこれで精一杯です。ここは最低ランクのホテルです』とは言えないので、言葉を濁しています。確かにお客さんが指摘するように中国国内のホテルは部屋が広いし、天井も高いですから、開放感があります。それに比べると日本の激安ホテルは息が詰まるように思うだろうし、壁も薄いので音が漏れやすいという欠点があります。でも値段が安いからしょうがないでしょう」（前出・ガイド、高クン）

そして彼らが宿泊する激安ホテルは、中国人が経営不振のビジネスホテルを買収して中国人観光客専用ホテルとして運用するところが増えている。浦安や木更津のホテルもそうだし、'10年6月にも富士山の麓の山中湖畔にあった倒産したリゾートホテルを中国人（日本国籍取得）が買収し、リニューアルして中国人観光客用のホテルとしてオープンさせている。

バイキング戦争

宿泊の次は食事だ。中国人のツアーの問題点として多く指摘されるのが食事だろう。ツアーでの食事はバイキング料理を提供するお店が用意されている。

温泉地の旅館以外のホテルでの朝夕食はバイキングなのは当然のこととして昼食もバイキングだ。バイキングはセルフサービスのため、提供する側からすれば人件費を節約できるし、量さえ置いておけば中国人団体客からは文句がでないので重宝されている。これらの店は旅行社と契約していることが多く、ギリギリの値段に設定されている。このバイキングについて前出のガイドの高クンは、

「お客さんには悪いですが、中国人観光客向けのバイキングは不味い店が多いのが事実です。体が悪くなりそうでとてもとても食べられないような食事を出すお店もあります。そんなときはボクは一応コーヒーぐらいは飲んで、悪いんですがお客さんのショッピングの時間中に洋食屋さんとかカレー、ラーメン屋さんで食事をすることにしています」

バイキング料理を出す秋葉原の中華料理店に足を運んでみた。70席もあろうかという大箱の店内は平日の昼下がり、杭州からきたという40代から60代ぐらいまでの40人ほどの団体客で賑わっている。壁際に置かれているバイキング料理は、大きな炊飯器が2つ並び、ひとつには白いごはん、そしてもうひとつにはチャーハンのような混ぜご飯が入れてあり、味噌汁の鍋、洋風スープの寸胴鍋もある。別のコーナーには焼きそば、モヤシの炒め物、鶏肉とたけのこの炒め物、肉饅頭、水餃子、春巻き、サラダ、杏仁豆腐など10品程度が並ぶ。

中国人客専用の店ではないので、団体が入ると店の入り口には貸し切りと表示される仕組みで、定価は日本人など一般の客向けでは880円なのだが、団体客には10%ほどの割引料金が適用されている。冷凍食品の具材を使用した料理が多いようで、味付けはかなり濃いめで美味しいとは言えず、質より量といった食事だ。

「これでも美味しいものを出したいと頑張ってやっているのですが、旅行社からは値段を下げなければ団体客を回さないと言われていますから、そんなに楽な商売でもないんですよ。日本は不況で飲食店は本当に経営が苦しいですから」

と中国人の店長は苦笑する。富裕層は、日本でも寿司店やステーキ店に足を運ぶことが多く、個人旅行解禁によってますますその傾向が強くなると推測されるのだが、その数はまだまだ少ないのが現状だ。

お土産店のキックバック商法

また、中国の旅行社側が激安パックを作り出すための重要なポイントがお土産店との契約だ。旅行者を提携しているお土産店に連れていって買い物をさせて売上金の何％かをキックバックさせる方式で、これは日本国内の激安パック旅行でも行われている。

たとえば日本人のパック旅行で仙台観光1泊2日2万円という場合は、東京から仙台までバスで行き、松島などを観光して鮮魚店に連れていったり、お土産店に連れていく。

それらの場所で購入した金額の何％かが旅行社にキックバックされる仕組みになっていたり、連れていった旅行客の人数に対してお土産屋さんが旅行社に支払う形態となっている。また、ホテルの宿泊代も旅行社の取り分として15％ほどが計上されている。不況下であるし、ホテル側は集客能力のある大手旅行代理店には逆らえない構図ができあがっているのだ。

これと同じことが今の中国人団体観光客に対しても行われている。日本政府観光局（JNTO）の『2008年訪日外客実態調査』によると、中国人観光客の訪問動機の1位はショッピングで50・9％、2位が温泉の39・7％。以下、3位歴史的建造物の見学、4位自然景観、5位日本食となっている。

1位のショッピング、中国人団体旅行者が狙うのは、日本人の海外旅行のようなブランドバッグではなく電化製品や化粧品で、世界中に名が広まっている秋葉原電気街でのショッピングは外せない。

秋葉原の街は電器店で溢れかえり、中国語の看板も店頭に掲げられているのだが、意外なことに秋葉原の中心街で中国人団体客の姿はポツンポツンとしか見受けることができない。大型家電量販店には香港とか台湾からの団体客が目につくだけだ。

ところが、JR秋葉原駅から徒歩10分程度の電気街から外れたエリアでたくさんの中国人団体客を見かけることができる。彼らを乗せた大型観光バスが続々と路上に停車し、客たちがぞろぞろと目の前にある店に入っていく。その店は免税店という看板を掲げており、電化製品のほかに化粧品や文房具用品などを販売しているのだが、品揃えも少なく貧相な電器店といった雰囲気で、ビックカメラなどの大型家電量販店と比較すると何十分の一の規模と活気で、とてもとても秋葉原の電気街というイメージからはかけ離れている店構えだ。

中国人団体旅行は日本に利益を生まない

しかし、ここが中国人団体観光客御用達の〝秋葉原の電器店〟となっている。ここの店員は中国人や韓国人がほとんどで胸には名札と会話のできる国の国旗が付けられており、バスから降りた観光客に対してディスカウントのカードを渡していた。

この店に置いてある電化製品は観光客が中国に持ち帰れるようなビデオカメラとかデジタルカメラや電気炊飯器などが中心で、持ち運びが困難な大型テレビやビデオデッキなどは2〜3種類しか置かれていないし、冷蔵庫やクーラーなどの大型家電製品は置かれていない。これが秋葉原のほかの電器店とは大きく異なっている。

おのおのの製品の下には定価と免税後の値段が併記されており、免税価格は約10％前後のディスカウントとなっているものの、値段が信じられないほど高く設定されている。たとえばパナソニックのビデオカメラの上級機種で11万2８００円の値段がついているが、同じ商品をヨドバシカメラやヤマダ電機では７万円台後半で販売している。

免税店に行ってもこれだけ値段が高かったら、免税をされてもまったく意味がないどころか免税価格でもこちらのほうが高い。これでは〝ぼったくり〟と同じではないか。

秋葉原の地理に疎い中国人団体旅行客が、電化製品の安い量販店に行くことは不可能で、観光バスで連れてこられたこの店を利用するしか方法はない。なにしろ言葉も通じないし、ガイドからは、

「この場所でショッピングをしてください」

と言われているのだからしょうがないのだ。

実はこの〝ぼったくり〟の実態は'09年6月22日付の『東方時報』（在日中国人向けフリーペーパー）で報道されている。それによると、

『日本でツアーを引率する中国人ガイドに取材し、よく使われている「ぼったくり」の手口をいくつか紹介してもらった。まず、買い物にしても食事にしても、ぼったくるには関連の店と手を組む必要がある。そうすることで客を巧みに誘うことができる。その次に、万一に備え、ツアー客の自由行動を規制し、指定した免税店でしか買い物できないようにして、買い物時に割引券を配る。ツアー客は店員に特別な番号がふられたその割引券を提示することにより、自ら「ぼったくり」をさせる合図を送ることになる。同時に、割引券のもうひとつの最も重要な役割は、ガイドに支払われるリベートの証明となることである。（中略）

秋葉原でツアー客を連れ買い物させる際に、ガイドは「免税店」を選んでいる。中国人観光客にとって免税店は政府公認のもので、ここの商品は質が良いだけでなく、価格においても一部の税額が免除され、「値段が安く品質もよい」と考えられている。しかし日本では、多くの免税店が非公式の民間のもので、設立方法も比較的簡単である。中国大陸の一部の旅行社はこの中日間の違いに目をつけ、成功率も非常に高い』

というような内容だ。次から次へとやってくる中国人団体観光客を乗せた観光バスは日に1000人以上もの客を連れてきて、観光客は喜々として日本の電化製品を購入していくが、

それが非常に〝高価〟ということを知らない。なんともエグイ商売ではあるが、この店のオーナーは中国人というから恐れ入る。

宿舎とショッピングでなんとか旅行社が〝利益〟を出すことによって、この中国人団体旅行の格安パック料金は維持されているのだろう。結局、中国人団体観光客は既定のルートを観光し、既定の宿、既定のお土産屋でショッピングをしていることが判明した。そうでなければ利益がでない。例外なのは銀座や浅草、富士山周辺のショッピングと大阪の街見物ぐらいのものであろうか。

となればこの中国人団体観光客相手の商売枠にはほとんど付け入る隙がないことがわかる。しかも、日本の旅行社は利益の上がらない中国人団体観光客相手の〝商売〟には手を出す気もないのが現状だ。しかし、今後の個人旅行規制緩和によって中国人相手の商売が成り立っていく可能性はある。なにしろ、一人当たりのお土産購入費として他の外国人観光客より多くの11万円強を消費していくのだから、商売のチャンスが残されていることは言うまでもない。ただし、中国人のマナーを守らない素行に目をつぶらなければならない、という前提でだ。

150年前から変わらぬ日中の差

中国人のマナーの悪さを150年も前に指摘していたのはトロイア遺跡の発見で有名なドイツ人のハインリッヒ・シュリーマンである。

当時43歳だったシュリーマンは、1865年の春から世界漫遊の旅に出かけ、清と幕末の日本を訪問して『清国・日本』という旅行記を記していた。『シュリーマン旅行記　清国・日本』（石井和子訳・講談社学術文庫）から抜粋してみよう。

『私はこれまで世界のあちこちで不潔な町をずいぶん見てきたが、とりわけ清国の町はよごれている。しかも天津は確実にその筆頭にあげられるだろう。町並みはぞっとするほど不潔で、通行人は絶えず不快感に悩まされている』

『（北京の町は）ほとんどの通りにも、半ばあるいは完全に崩れた家が見られる。ごみ屑、残《ざん》滓《し》、なんでもかんでも道路に捨てるので、あちこちに山や谷ができている』

などと、清国の不潔な状況を描写している。清国から日本に渡ったシュリーマンは約1ヵ月間日本に滞在して江戸などを回った。そこでは、

『日本人が世界でいちばん清潔な国民であることは異論の余地がない。どんなに貧しい人でも、少なくとも日に一度は、町のいたるところにある公衆浴場に通っている』

『この国には平和、行き渡った満足感、豊かさ、完璧な秩序、そして世界のどの国にもましてよく耕された土地が見られる』

と清国とは百八十度異なった感想を記している。また、

『（寺の）境内に足を踏み入れるや、私はそこに漲《みなぎ》るこのうえない秩序と清潔さに心を打たれた。大理石をふんだんに使い、ごてごてと飾りたてた中国の寺は、きわめて不潔で、しかも頽《たい》廃《はい》的だったから、嫌悪感しか感じなかったものだが、日本の寺々は、鄙《ひな》びたといってもいいほど簡素な風情ではあるが、秩序が息づき、ねんごろな手入れの跡も窺《うかが》われ、聖域を訪れるたびに私は大きな歓びをおぼえた。（中略）僧侶たちはといえば、老僧も小坊主も親切さとこのうえない清潔さがきわだっていて、無礼、尊大、下劣で汚らしいシナの坊主たちとは好対照をなしている』

と寺院の比較にしても2ヵ国の差を鋭く記述している。

シュリーマンとほとんど同時期の1860年と翌年に日本と清国を訪れたイギリス人の植物収集家のロバート・フォーチュンも『幕末日本探訪記　江戸と北京』（三宅馨訳・講談社学術文庫）の中で、

『シナの町は、概して清潔ではない。いや、それどころか、不潔と悪臭の点では有名である。けれども私のシナ旅行全体を通じて、また他国でも、天津ほど胸がわるくなるような、汚い所

へ行ったことはなかった。（中略）ここでは、下肥えは、南方のように、はっきりその用途を認めていないので、人々の習慣は極めて不潔である。城砦の上、空地、しかも街路でも所構わずで、その悪臭は堪えがたい』

と記している。街路でも大便が見られるという記述だが、これなどまさに芝園団地の建物の中で大便をしていることと変わらない。シュリーマンやフォーチュンの旅行記は150年も前に書かれている中国と日本の文化・風習の比較でもあるが、不潔な中国、清潔な日本というふうに記されており、それが今もなお続いているということなのだろう。

池袋では「中国人100％近くお断り」

さて、都内に住む中国人はどのような暮らしをしているのだろうか？　中国人が多く住んでいる東京・豊島区の池袋周辺は、'80年代半ばから'90年代にかけてその数を増していった。この周辺に日本語学校が多かったことによる。池袋にある不動産屋の社長は、当時を振り返る。

「とにかく中国人はお金がなかったから、ワンルームマンションとかきれいなコーポとかを選ぶこともできなかった。言葉は悪いけれどボロアパートしか狙いめはないわけです。バブル時代の日本で、時代に取り残されたようなアパートが東池袋のサンシャインビル周辺にはあったんです。ここはもともとは韓国人留学生が多かったのですが、そこに中国の留学生たちも居を構えるようになりました。

しかし、現在は区画整理でアパートも取り壊されてすっかり様変わりし、中国の経済事情も良くなるにつれて中国人たちは減りまして、今はJR大塚駅のほうに住む方が多いようです。日本語学校も設備にお金をかけるようになって、たとえば賃貸マンションを一棟借りして寮にするようになったのも中国人居住者が少なくなった理由のひとつだと思います」

外国人の居住について、豊島区内の不動産の営業マン、井上一樹さんが苦笑しながら話してくれた。

「差別というわけではありませんが、このあたりのマンションやアパートのオーナーの80%、いや90%近くが外国人の入居を断っています。なかでも『中国人はお断り』というのは100%近いというのが現状です。中国人はうるさい、そしてゴミを分別しないし、散らかすといったほかに、台所の流しに使用した食用油をそのまま流すことへの苦情もあります。また、ひとつの部屋に何人も住み、そのまま住人が入れ替わっていて責任の所在がわからなくなるという苦情も多いんです。

凄かったのは、中国人が引っ越していった部屋に備え付けられていたエアコンがなくなって、テレビ付きのモニターホンも取り外されていたことです。全部外して持っていったんですね。これは完全な泥棒です。それで居住者が事前に提出した書類にある中国の住所に連絡を取ろうとしたのですが、それが全部デタラメ。保証人も連絡が取れなくて、これもデタラメでした。日本の警察はおざなりだし、中国側に被害届を出す費用も時間ももったいないので結局泣き寝入りをすることになりました。こんなトラブルが日常茶飯事ですから、オーナーが『中国人お断り』にするのはわからないでもないです。もちろん我々が接していて、非常に洗練された中国人の方もおります。しかしオーナーからすれば、いちいち誰だからいい、というふうには選びません。人柄を見るような時間もないし、オーナーは遊びで貸しているわけではありませんのでババを引きたくないから、簡単に『中国人お断り』と一線を引いているんです。

とにかくこのあたりでは、中国人のマナーなどの評判は悪いのが実情です。一度落ちた信用を取り戻すことは難しいと思いますが、これは身からでた錆《さび》だと、ひとりひとりの中国人が考えるべきことではないでしょうか」

留学生のマナーの問題を指摘する住民も多い。冒頭で紹介した、芝園団地に住む日本人の方々は、

「中国は礼儀の国だと思っていたのに、これほどマナーが悪いとは思いませんでした」

と口々に言っていたが、日本語学校近くの商店主も、

「中国人は道路にゴミをポイと捨てるし、うるさいし参っています」

とお手上げ状態だ。

食べ残しは床に捨てる

中国人の食事のマナーについて違和感を持っている日本人は多い。東京・上野のアメ横は海産物や乾物、そして衣類も安く買い物客で賑わっているが、中国人向けのガイドブックに紹介されてから最近特に中国人観光客が多数訪れている。この近所で古くから洋食レストランを経営している女性は、困惑したような表情を見せる。

「ウチにはいろいろな国からの観光客がいらっしゃいますが、中国人観光客があれほどマナーが悪いとは思ってもいませんでした。テーブルの上はオムライスやスパゲッティーなどの食器を乱雑にして食べ散らかして残してあるし、床も汚していくんですから困ったものです。ウチのお客さんには土地柄、古くから在日朝鮮人の方々もいますし、韓国からの観光客もいらっしゃいますが、このようなことは中国人しかしません」

ツアーコンダクターの鈴木妙子さんも言う。

「中国人団体客はバイキング形式のお店に行くことが多いのですが、食べきれないほど取ってきて、それをワイワイ言いながら食べます。結局残してしまうし、サカナの骨や肉の骨をペッペッと床に吐き散らかすんです。また、食べ終わったお皿にタバコの灰を平気で落とします。食事を終えた食器を灰皿代わりにするという感覚は日本人にはないでしょう。床にも食べ残しを吐き捨てるのを見ていると、私たちとは感覚が違うのだなあ、と思ってしまいました」

中国では、レストランでの食事は余るほど注文をし、それを残すというのが礼儀になっている。それは自宅に客を招いて食事を出すときも同じで、客が食べ残すほど食事を出し、客のほうもテーブルの上を散らかすようにして食べて残すというのが礼儀だ。これはあくまでも中国国内でのマナーであり、他人から良く思われたい、面子を立てたいという中国人気質がよくでている。しかし、それがそのまま日本に持ち込まれるのは戸惑ってしまう。

食事のマナーもそうであるが、日本人が戸惑うものに列に割り込むというのもある。

「商店で買い物をして、お金を払おうとすると横から他の客の手がでてきたり、切符を買い求めるために並んでいたら横入りをされたりと、中国人には列に並ぶ、順番という考え方はないと思います。それはバスに乗り込むときも列車でもいっしょです」(上海在中の主婦、佐藤尚子さん)

中国では割り込みというのは当たり前の行為で罪の意識などないようだ。

あのトイレはどうにかならないか

大声や割り込み行為のほかに、中国に行った日本人が中国人のマナーで違和感を持つのはトイレだ、という声も多い。最近は少なくなったが中国の公衆トイレは仕切りがなく、穴が開いた丸い部分に腰掛けて用を足すスタイルだ。

中国の古い家屋はトイレの付いていないことが多く、そこでは地域の共同トイレが使用されている。しかし排泄時の顔は見られるし、隣の様子も音も臭いも全部開放されているのだ。前出のツアーコンダクターの鈴木さんは中国国内の観光地をしばしば案内しているというが、

「私だけでなく日本人観光客の方もこれだけは慣れることができません。大都会では、ホテルや大きなデパートで用を済まして、オープンの公衆トイレには入らないでいました。しかし、田舎に行くとそうはいきません。田舎の空港には扉がないトイレもあるし、水洗が壊れているトイレも多いので困ってしまいます。

世界遺産で有名な湖の美しい黄龍は四川省の田舎にありますが、公園内の公衆トイレはキレイなものの、そこから離れたところの公衆トイレはもう信じられないくらいに臭いし、足元にはウンチが落ちていて汚いし、壁にはウンチを拭った跡もあり、思い出したくもないくらいの史上最低のトイレでした。

道路に平気でゴミを捨てたり、公衆トイレを汚して使うというのは、中国人には公共のものは大事にしなければいけない、という観念がないからだと思います。でも、そのトイレで中国人のおばさんなんかが平気な様子で用を足しているのを見ると、まったく精神構造が違うというか、大陸的というのはこのことかと感じました」

150年前のシュリーマンが清国で見た光景がここにある。この場合は中国国内のことであるから、日本人としては〝郷に入っては郷に従え〟とすれば顔を突き合わせて用を足すのがマナーということになるのだが、そう簡単にできることではないのは理解していただけるだろう。

中国の公衆トイレは徐々に〝個室化〟されているとはいえ、隣の様子が丸見えのクビから下だけの仕切りだったり、排泄場所に溝が掘ってありその溝が隣と繋がっていて排泄物が定期的に流される水で上流から下流に流れていく構造のトイレもある。

中国人は関西人

中国式トイレに関しては日本にいる限りは〝実害〟がないのだが、中国人は交通マナーもひどい。中国国内では、歩行者が信号を守らないで横断歩道を渡るというのは別に驚かないが、自動車の運転マナーが悪いのには閉口するし、生命がかかっているので大変だ。中国人はまるで自転車の乗り方をそのまま自動車に置き換えたような運転の仕方をすると説明すれば理解してもらえるだろうか。自転車感覚で急ハンドルを切ることが多く、自己主張が強い国民性もあってか、運転の仕方も自分本位でクラクションの鳴らし方は半端ではない。

フィリピンとかタイもクラクションを鳴らし続けるのが目立つが、中国もそれに負けてなるものかと競争しているような鳴らし方だ。また、行列無視のお国柄だけあって自動車も無理やりとしか言いようのない割り込み方をしてくる。これは公共交通であるはずのバスも同じで、まるで乗用車のように割り込んでくるのは珍しいことではない。

この感覚で日本国内で運転をされたら事故を起こすことは必至だし、現に中国国内の交通事故死者数は中国公安省の発表でも'06年には8万人を超えている。交通戦争と称された日本での交通事故死者数は'09年以降は年間5000人弱だが、これからますます自動車の数が増えると予想されている中国では死亡事故も増加が予想されている。この運転感覚で日本でもハンドルを握られたら怖いというのは理解できるだろう。

北京に赴任していた日本人商社マン、藤山修さんと中国人の性格について話をしていると、

「プロボクシングの亀田兄弟というのがいるでしょ。かつての彼らの態度が中国人の気質をそのまま受け継いでいるような気がするのです」

と笑った。顰蹙を買い続けてだいぶ変わったが、かつての亀田一家は、メディアの前ではいばる、ふんぞり返る、大言壮語と一般的な日本人の謙虚さとはまったくかけ離れた対応をしていた。

「あの対応を見て眉をひそめる日本人は多いと思うのですが、中国人にじつによく似ています。対戦相手のことを敬わずにケンカ腰で挑発するし、自信過剰な自己主張をします。あの自信過剰というのが中国人と似ています。そして年上の者に対してもタメ口。これも中国人には多い。あのような態度を許すメディアの責任も大きいとは思うのですが、ボクは彼らを見ると中国人っぽいなあ〜と感じるんです。ボクシングは勝てば偉い。チャンピオンはいちばん偉いわけです。だからそうなるためには局部を狙うロープブロウのような反則をやってもいい、と考えている。レフェリーにわからなければいい、という考え方です。本当はそれではいけないと思うのですが、それが中国人が持っている勝てばいい、勝った者が偉いという考え方と似ていると思いませんか」

中国・上海からの留学生、劉向東さんは現在東京の大学院で勉強をしているが、日本語学校は大阪だった。

「上海から大阪にきて、あまり違和感はありませんでした。町並みもごちゃごちゃとしているし、大阪の喋り方のテンポというのが中国に似ているような気がしたんです。でも東京に移ったらそれが違っているのには驚きました。まあ、中国でも北京と上海は気質が違うと言われていますから、それと同じようなことなのでしょうが、私には大阪のほうが合っているかな？と感じています」

「プールで大小便をしないようにしましょう」

さて、'10年5月には上海万博が開幕したが、日本の報道でも話題を呼んだのが中国人のマナーだ。上海万博に向けて上海市当局は、『市民が守る46ヵ条』を出して市民のマナー向上を啓蒙したのだが、この内容が驚きだった。


『ごめんなさい、と言いましょう』

『順番を守って地下鉄に乗りましょう』

『トイレでは順番を守り、個室のドアを閉めて、水を流しましょう』

『パジャマで外を歩かないようにしましょう』

『プールで大小便をしないようにしましょう』

『レストランのバイキングでは決まった方向に動いて逆方向には動かず、順番を抜かさない』

といった内容だ。つまり裏返して言えば、これらは上海でもよく見られる行為ということだ。トイレに関しても、ドアがない中国の公衆トイレのことを知らなければ日本人には理解できないだろう。

パジャマでの外出は、『自分はパジャマを持っている』という自慢をしたいからのようだが、夏場にパンツ一丁で外出する中国人も多いのだ。40年前の大阪万博時には日本人のマナーもそれほど誇れるものではなかったことは事実だ。第1章でコメントをしてくれた商店主の久保さんは、

「大阪万博にも行きましたが、めちゃくちゃ混雑していましてね。『敷地内で立ち小便はやめてください』というアナウンスもあったんですよ。これは敷地内に設置されていたトイレの数が入場者数に対して少なかったせいで小さな子供たちがやむをえず立ち小便をしていたんですが、そんなこんなで上海のことを笑えない時代が日本でもあったんです。ただ中国のほうがそれ以上にマナーに対して鈍感だなあ、というイメージはありますけれど」

と苦笑する。上海万博を開催したことが、中国人のマナーの改善に繋がればいいのだが、同じようなことは'08年の北京オリンピックのときにも言われていたし、150年前と同じようなマナーというのは、マナーの改善が簡単ではないという証であろう。

それにしても公共マナーがなぜ中国にはないのか

「私は中国人のマナーがただちに直るとはまったく思っていません」

と言うのは前出した留学生だった足立さんだ。

「そもそも、中国人には公共という意識が薄いと思うんです。自己主張が強くそれが勝つ源となっている中国人は自分本位が基本ですから、公共は二の次です。他人の目を気にするとか、他人との調和を重んじて他人の迷惑になる行為を慎むような日本的な考え方をしませんから」

と指摘する。また、中国からの留学生の李暁南さんは、次のように解説する。

「中国は国土が広くて、国際的なマナーに触れる機会が少なかったことも、中国人がマナーの悪さを指摘される一因でしょう。食べ物を食い散らかすとか痰を吐くというのは古くからの習慣でしたから、中国人自身はマナー違反とも何とも思っていませんでした。列に並ばないというのは、強い者が勝つという中国人社会に起因しているでしょう。

しかし、国際化社会を目指すなら、中国人は〝郷に入っては郷に従え〟の精神を肝に銘じなければ、これからも顰蹙を買うことになるでしょう」

正論ではあるが、中国人がマナーを守れるまでには時間がかかりそうだ。

第3章

中国人はなぜ謝らないのか

私は絶対に悪くない!!

「中国人は言い訳ばかりして絶対に謝ろうとはしませんね。なぜ彼らは謝ることをしないんでしょうか?」

困惑した表情を浮かべているのは、中国人の学生アルバイトを雇っている、都内ラーメン店の店長、井上信幸さんだ。

「お客さんが入ってきて座っても、ただボーッとしているので『早く水を運んで注文を聞いてくれよ』と言うと、『気がつかなかっただけなのに、なんでそんなに怒られなければならないか』と逆ギレされたことがあります。また、別の中国人女性アルバイトが注文を受けた品が間違っていたので注意をすると、『(客が)そのように注文をした。私は悪くない』と言い張るんですね。このあたりが日本人としてはどうにも理解できない感覚です」

また、名古屋市内で中国人団体旅行客を多く受け入れているビジネスホテルの従業員、山崎佳史さんもクビを傾げる。ここはユニットバスにシングルルームという典型的なビジネスホテルなのだが、うるさいのに謝らない中国人に手を焼いている。

「フロントでも大声で騒がしいですけれど、部屋から廊下中に響くような大声が聞こえるんです。部屋のドアを開けたままにして仲間と酒盛りをして盛り上がっていることが多いのですが、当然声が廊下に漏れるわけです。

ほかの客から『うるさいので注意してくれ』という苦情がくることがあります。それで注意をしに行くと、『うるさくはしていない』とまず食ってかかるのは当たり前です。たとえ注意を聞いてくれてドアを閉めてもらっても、声が大きいから廊下にまで声が響くんです。添乗員さんを通じて、『もう少し静かにしていただけませんか?』と注意をすると、今度は『このホテルの造りが悪いから音が外に漏れる。中国のホテルはもっと造りがいいし、広い。なんだ、この天井の低さは、ばかにしているのか?』とホテルの造りに責任転嫁をするんです。そして『責任者を出せ、もう二度とこんなホテルには泊まらない』と自分の行為を棚に上げて逆ギレすることがありました。

もしこれが日本人客だとすると、『ほかのお客様がお休みですので、すみませんが、少し声を抑えていただけますか?』と注意をすれば、ほとんどのお客さんは『すみませんでした、わかりました』と謝るんですが、中国人は違うんです」

都内の居酒屋店の山本卓店長は、

「中国人留学生のアルバイトを使っているのですが、お皿を割っても『沢山運んだから皿が落ちてしまった』とまずは自分は悪くないと言い訳をします。『でもキミが割ったんだろ』と言っても、『足が滑ってしまった。床が滑るようになっているから自分のせいではない』と言い返すんです。

確かに食器を下げるトレーにたくさん載せたから、足が滑ってしまいお皿が落ちて割れたのかもしれません。しかし、その行為をしたのは自分じゃあないですか。自分が割っていながら謝ろうとはしません。

私はお皿が高価だから追及しているわけではなく、今後はこのようなことがないようにと思って話しているのに、その態度はないだろうと思います。これが日本人だったら、『すみません、今後気をつけます』『じゃあ気をつけてな、ケガのないように』でおしまいなんですから。なぜ言い訳をして問題を複雑にしたがるのか不思議です。

また、遅刻をしてきても中国人のアルバイトは『学校の授業が遅くなったから』というような言い訳をするんです。でも、まず『すみませんでした』でしょう。そして遅刻をするのがわかったならその時点で、機転のきくアルバイトなら『何分遅刻します。申し訳ありません』と電話で連絡をしてきて、お店にきてから、『実は電車で人身事故があって遅れてしまいました』とか言います。そうでないとお店のシフトが狂ってしまい他の人に迷惑をかけてしまう。日本人の場合は〝他人に迷惑をかけない〟という意識が強いのですが、中国人は違う気がしますね。

お客さんから注文が違うと指摘されると『プイ』と横を向いてしまうし、自分の責任ではないと食ってかかる者も、お客さんとケンカをする者もいます。日本人のアルバイトなら、まず謝るというのが基本ですからね。そうじゃないとお客さんに逃げられてしまう。これじゃあ日本のサービス業ではやっていけません」

山本さんは今後中国人のアルバイトを使うかどうか迷っているという。

このように、ホテルに宿泊する中国人旅行者も居酒屋のアルバイトの中国人も面と向かって謝るということはしない、と関わる日本人たちは指摘をする。これはどうしたことなのか？

「ごめんなさい、と言いましょう」

上海万博は大成功を収めたが、万博が開催される1年以上も前に上海市が、万博を迎える市民の心構えとして『市民が守る46ヵ条』を提案した。このことは第2章でも説明したが、その中に『ごめんなさい、と言いましょう』というのがある。ということは、中国人自身が『ごめんなさい』と言わないことを自覚しているのだろう。

日本語でも謝るときには『ごめんなさい』のほかに『申し訳ありません』や『すみません』という言葉があるように、中国語では『対不起《ドゥイブチー》』や『不好意思《ブハオイースー》』というのが謝りの言葉となる。前出した中国人留学生の李暁南さんは、

「中国では『対不起』がていねいな謝り方で『申し訳ありません』という感じでしょうか。『不好意思』のほうはもう少し軽くて『すみません』とか『ごめんね』というような意味になります。

中国人は謝らないということを日本の方から聞くことがありますが、私自身は自分が間違っていたと思ったら謝るので、中国人の間でも個人差があると思います。しかし、日本人がふだん謝るのと中国人が謝るのとでは微妙に感覚が違っています。日本人はすぐに『すみません』という言葉を使って、それで謝ったことになるでしょう。その感覚が私や中国人の友人たちには理解ができないんです。それなら、そんなに簡単に謝るようなことをするなという気持ちになります」

李さんの友人の留学生の林秀雲さんは、

「日本人の『すみません』という謝り方というのは本心で謝っているわけではなくて、場の雰囲気で謝っているように思います。謝りすぎというか『すみません、すみません』とまるで挨拶のようで、これでは謝っていないんじゃないかなあと感じますし、日本人はニヤニヤと笑ってばかりいて、物事に対してはっきりとした態度を取りません」

なかなか耳の痛い意見だ。確かに、白黒決着をつけるよりも事を丸く穏便にすませたほうがメリットがあるという考え方で、日本人は『すみません』を連発することもあるだろう。日本人は歴史的に同一の価値、感覚を持つことができた民族だったので日本人相手ならこれが通じるのだが、それが国際的に通用するとは限らないと理解しておく必要はある。

その論理で言うのなら、中国人は謝らないことで、何らかのメリットを享受しているのだろうか？


冷凍餃子毒物混入事件でも……


日本人がこの中国人の〝感性〟をまざまざと知ったのが、'07年の『中国製冷凍餃子事件』である。この事件を追っていくと、中国人の考え方がよくわかると思うので、今一度事件を振り返ってみたい。

これは'07年12月下旬から'08年1月にかけて千葉・兵庫両県のスーパーマーケットで中国製冷凍餃子を購入して食べた計10人が中毒症状を起こし、意識不明の重体となった被害者もでた事件だった。

街のスーパーで買った冷凍食品で中毒症状を起こしたということで大騒動となり連日メディアで取り上げられていたが、'08年1月30日に千葉・兵庫両県警は鑑定で冷凍餃子から有機リン系殺虫剤のメタミドホスを検出したと発表した。そして、31日には製造した中国河北省の『天洋食品』に中国国家品質監督検査検疫総局が立ち入り検査を実施したのである。

ここまでは捜査としては一般的な流れだろうが、そこから日本側と中国側との〝温度差〟が明らかになっていく。

日本側の捜査では、被害者が食べた冷凍餃子の包装には針の先ほどの小さな穴が開いており、ここからメタミドホスが混入された形跡のあることを指摘していたが、これだけでは中国国内で混入されたのか、日本国内で混入されたのかの判断はつかない。

その後2月21日から約1週間、警察庁と中国公安省が東京で実務レベルでの情報交換会議を開催し、このときにも日本のメディアは中国国内での流通過程か天洋食品内部でメタミドホスが混入した可能性が高いとの論調を強めていた。しかし、2月28日に中国に帰国した公安省刑事偵査局の余新民副局長は中国国務院での記者会見で、日本国内で餃子にメタミドホスが混入した可能性は低いとした日本側の見解を、

「この時点でこのような結論を出すのは時期尚早で、綿密な調査を経て我々は、メタミドホスの混入が中国国内で起きた可能性はきわめて低いと考えている」

と言い放った。また、中国国家品質監督検査検疫総局の魏伝忠副総局長も記者会見で、

「中国国内でメタミドホス混入の可能性はきわめて低く、中日関係の発展を望まない極端な分子によって引き起こされた可能性がある」

と語り、日本側が捜査に非協力的であるとも批判した。謝罪はいっさいなく、これで中国人と日本人の感性にかなりの差があることを日本国民は知ることになる。いったい何を根拠として「中日関係の発展を望まない極端な分子がやった」と言えるのか。その根拠をまったく示さないままの発言に、日本のメディアも不満を表した。さらに餃子を製造した当事者である天洋食品の底夢路工場長は、

「工場内ではメタミドホスは使われていなかった。従業員への待遇は良く、近年労使紛争は発生していない」

と工場内の待遇にも問題はなかったと言い切り、

「今回の事件で当社は経済的に巨額の損失を蒙っただけでなく、名声や信用も著しく傷つけられた」

と天洋食品が被害者だという立場での発言をしたのだ。この発言も日本人の感性とかなり異なることをまざまざと知らしめてくれることとなった。'05年に上海や北京などで反日デモが起きて日本総領事館が襲撃されても中国政府は公式に謝ることがなかったが、この事件でも改めて中国人は謝らないということを印象づけたのである。さらに、天洋食品がある河北省の高官の付志方河北省副省長も、

「(調査の結果)中国側でメタミドホスが混入された可能性はすでに排除された」

と記者会見で述べ、河北省輸出入検査検疫局長は、

「監視カメラや身体検査によって工場内の管理に死角はない」

と断言し、天洋食品がいかに安全に力を入れているかというイメージを日本側に発信するために工場内に日本のメディアを招き入れて、衛生面に気を配っている様子を撮影させた。

不可思議な犯人逮捕

もし、これが日本国内で起きた中毒事件だったら、食品会社の責任者は、

「今は捜査を見守っている段階ですが、被害にあった方々にはお見舞いを申し上げます」

ぐらいの抑えた喋り方をするだろう。しかし中国の場合は、捜査の途中であるにもかかわらず、責任のある立場の者が「こちら側に非はない」と断言したのだ。何度も指摘するが、この時点ではシロという証拠がないにもかかわらず非はないと言う。ここで見えてくるのが、中国の責任ある立場の人間が中国社会においては強者であるということだ。強者である彼らが「こうだ」と説明すればそれが正しいという社会なので、謝る必要はないと思っての発言だったのだろう。


これが、中国では謝らないことの最大のメリットだ。強気に、そして自信満々に「非はな

い」と言い切る。中国国内のメディアは規制されているので記者に突っ込まれる心配はないし、事件の担当者の地位の方が上なのだから誰も文句が言えない。それが通る社会と考えたほうがいいのだ。中国人のこの感性の根底にあるのが常に無謬性《むびゅうせい》を主張する中国独特の世界観なのだが、それについてはおいおい説明をしていこう。

この事件は日本人に中国という国は何をやるかわからない不気味な国だ、という印象を持たせることになった。そのために、日本国内のスーパーマーケットなどでは輸入野菜類を中心に冷凍食品も含め、中国製の食品を買い控える動きが強まっていったのである。これは中国政府にとっては想像もできない事態だったに違いない。

さて、発生から2年以上たった'10年3月に餃子事件は急展開を迎えた。天洋食品の従業員食堂に臨時職員として勤務していた呂月庭容疑者（36・当時）が中国の捜査当局に拘束されたと発表され、その後逮捕されたのだ。供述によると、正社員にもなれず月2万円弱という給料に不満を持っていた呂容疑者は工場内の害虫駆除に使用していたメタミドホスを盗み出し、3回にわたり注射器を使って冷凍餃子に注入した、ということになっている。そして供述どおりに工場内の下水道からメタミドホスが付着した注射器2本が発見されたと公安当局が発表した。

しかし、事件発覚から2年以上も経ってから工場内の下水道から注射器が発見されたという発表には疑問が残る。

呂容疑者の供述が事実ならば、注射器が発見された下水道を中国の捜査当局は、事件直後から最近まで捜索していなかったということになる。本来なら事件直後に初動捜索されるべきいちばん大事な現場のはずで、ずさんな発表でお茶を濁しているように見える。

そのほかにも、呂容疑者が妻に「自分がアレをやった」と喋ったことが拘束のきっかけになったという発表もあったが、それだけで拘束に繋がるのか。またこの事件解明に800万円の賞金がかけられていたのだが、そのような高額の賞金をかけた理由は何か。などなど疑問点が多すぎて、事件がこの先どのように進展していくのか推移を見守る必要がある。

事件発生時の説明と矛盾だらけでも謝らない

それ以上に驚くのは、事件発生直後と容疑者逮捕時に行った中国側の記者会見での矛盾だ。

「工場内ではメタミドホスは使っていない。今回の事件で名声や信用も著しく傷つけられた」

と事件発生直後に言い切った天洋食品の底夢路工場長の言葉はいったい何だったのか？　また、国家品質監督検査検疫総局の魏伝忠副総局長は、

「生産から輸出までの過程で人為的な破壊行為があった可能性はほぼない」

そう断言していたのに、容疑者が拘束された後の記者会見では、

「（メタミドホスは）その後の調査で見つかった」

とあっさり前言を翻したのである。また、事件直後には、

「工場内部の監視カメラで従業員の行動は把握しているが、怪しい動きはなかった」

と豪語していたのにもかかわらず、容疑者がメタミドホスを混入したと供述した冷凍保存庫については、

「（冷凍保存庫は）温度が低くカメラが動かないから監視カメラはなかった」

との事実を明らかにした。突っ込みどころが満載なのだが、報道の自由のない中国ではそれはできない。

しかもこの容疑者逮捕を受けて対応した中国人の関係者で、

「申し訳ありませんでした」

と謝った責任ある地位の者は誰一人としていない。これは日本人の感覚からすればもちろん、国際的にみても非常識だろう。謝ることが少ないと言われている欧米でも自らの過ちに対しては謝罪をするのが常識だ。また、中国政府からも日本側に謝罪の言葉がないばかりか、鳩山首相（当時）は事件解明の報告を受けて、

「中国の捜査当局に感謝します」

とまで発言している。これでは順番があべこべだろう。しかし、このような中国側の対応を

〝理解〟できるというのは前出の留学生の林秀雲さんだ。

「日本人が中国の対応に対して怒っているという気持ちはわかります。ただこの件で中国人の対応というのも理解はできます。中国側からすれば、製造をしたのは中国だが冷凍餃子を販売したスーパーや輸入した側の管理もしっかりしていないから毒入り餃子が販売されたのだろう、という気持ちがあるのではないですか。

中国の食料品を中国人すら信用していないのです。それなのに、なぜ冷凍食品を中国で作っているのか？　安くできるから中国で作っているわけでしょ。でもそれだけのリスクを輸入業者も販売店も承知しているのですから、チェックをしなければならない。中国側からすれば、それを怠っているから消費者にいちばん近い販売店の責任になると感じて、自分たちには責任はないと考えているのではないですか」

頷けないこともない論理だが、となると仕入れた商品を輸入した側がいちいちチェックする必要があるということになる。これでは取引の国際的な信用というものはまったく通じないことになり、中国製品は世界中のボイコットを受けることになるだろう。

この餃子事件は中国国内ではテレビや新聞の報道が規制されており、なぜ日本でここまで問題になったのかは知られていない。前述したように中国では報道規制のほかにインターネットの規制もある。言論の自由を制約するという動きは、中国がまだまだ〝開放〟されていない国家であることを世界中に明らかにしているのと同じことで、中国政府が国内の社会情勢にかなり神経を尖らせていることの証でもある。

「無謬性」とは何か

餃子事件でも明らかなように中国人は言い訳を駆使して自己の正当性を主張する傾向にある。彼らの考え方の中にはどうも『謝る』という選択肢はないようだ。前述したように高官は中国人社会では強者であり、それは毛沢東の中国共産主義が『無謬性』の上に成立している影響が大きい。イデオロギーを重要視する共産主義では、ほかからの批判をはねつけるために、ことさら〝無謬〟を前面に押し出している。これは、

「自分には誤りは絶対ないし、ありえない」

という考え方だ。だから謝ることなどありえない。たとえ内心では間違っていると感じていたとしても、そう主張をしなければ自分の足をすくわれてしまい、失脚しかねない社会なのだ。これは、今はなきソビエト連邦を始めとして社会主義国家体制の東ドイツなどの東欧諸国も同じだったが、それらの国々と比較しても中国はその主張が強いという印象を受ける。

童話の『裸の王様』は、王様が裸でも民衆は「すばらしい衣服だ」と誉めそやしていたのに

対して、少年が「王様は裸だ」と〝本当〟のことを言ったから物語としてのおもしろみがでてくるのだが、現実の中国の社会ではそうはいかない。

たとえ民衆がおかしいと思ったとしても王様は無謬だし、中国共産党も無謬なのだ。だから民衆は間違っていると思っても黙ってそれに従うしかないし、従わなければ公安に逮捕されたり迫害されることが待っている。前出の専修大学の大矢根淳教授が言う。

「中国共産党が無謬性の上に成り立っていることは否定できません。文革というのも当初は共産主義をより高度なものにするためにしていると日本の研究者は思っていたのですが、結局は権力争いのためだったということが今は判明しています。だからといって無謬性が否定されているわけではありません。特に北京の党本部はその傾向が強いと思います」

しかし、毛沢東および中国共産党の無謬性にはクビを傾げるような事例はたくさんある。

たとえば中国で有名な一人っ子政策だ。'49年の毛沢東の中華人民共和国の建国からしばらくの間、中国では人口を増やすことを奨励してきた。それによって農業の国内生産量を増やし、食糧を増産させようとする狙いだったのだが、皮肉なことにあまりにも人口が増えすぎたことで食糧やエネルギーの供給に深刻な影響を与えることになった。

それで'79年から夫婦に子供は1人だけという一人っ子政策が施行されるようになったのだが、このときにも政府から国民への謝罪や説明はまったくなかった。間違いがないから謝る必要がない。これが一党独裁政権の悪い意味での強さだ。国民に信を問う必要はないし、メディアを支配しているので言論統制ができ世論を誘導できる。

「我々の命令するようにやっていればそれでいい」

という傲慢で、不遜な政治姿勢がそこには見えてくる。しかしこの一人っ子政策にもかなり問題がある。この政策は人口抑制のために施行しているのだが、漢民族の夫婦にできた子供だけに適用されており、ウイグル族やチベット族、そしてモンゴル族などの少数民族は適用外となっている。問題なのは中国が男性中心の社会であり、男子が家を継ぐという風習があることだ。もし女子が生まれてしまったら、家を継ぐ者がいないことになり、それは大きな問題を引き起こすことになる。そのために妊娠中に女子と判明したら産まなかったり、産んでも戸籍に記載されなかったりする子供が生じてしまっている。戸籍に記載されないということは就学の機会がないということで、このような子供が人身売買されるということも起きている。

また、罰則金（年収の3〜10倍と地域によっても異なる）を支払っても第2子を持とうとする高額所得者の例も見受けられ、収入によって差別があるとの不満の声も多い。

夫婦に子供が1人ということは、子供に対する期待感と愛情は当然のことながら増し、甘やかされて育つことでわがままで生意気な子供が大勢誕生することになり、それが『小皇帝』と呼ばれ、犯罪に手を染める者も多く中国国内で大きな問題となっている。

また、歳老いた両親とそれぞれの祖父母計6人の面倒を1人の子供が見なければならず、その負担が大きいという問題も起きている。一人っ子同士の結婚となると、それぞれの両親と祖父母が6人、合わせて12人の面倒を見なければならないということになる。日本も少子高齢化という問題を抱えているが、中国における一人っ子政策の負の部分での深刻さは日本の比ではない。

謝れないから「推し量ってくれよ」

中国は建て前・原則論に固執している印象が非常に強いが、台湾問題でも政策は揺れ動いている。中国は台湾を自らの国だと主張する「ひとつの中国」の立場を明確に表明している。中華人民共和国が'49年に建国されたことは前述したが、中国本土での内戦に敗れた蔣介石の国民党は台湾へ脱出し、そこで政府を立ち上げ、紆余曲折はあったものの現在に至っている。内戦時代の中国共産党の裏にはソビエトの支援があり、現在でも台湾の後ろ盾になっているのはアメリカだ。

ひとつの中国の原則を標榜している中国は台湾を承認しないように各国を説得し、発展途上国に対しては賛同すれば援助金を支払うというアメとムチを使い、それが功を奏して台湾に代わって'71年には国連の常任理事国となった。

日本も'72年の国交正常化のときに台湾に代わって中国と国交を結ぶことになったのだが、国交を結ぶにあたり日本の親台湾派の反対が日本国内では強かったのも事実だった。このとき中国と取り交わした文書には、

『台湾は中国の領土の不可分の一部であることを日本は十分理解して尊重する』

と書かれている。これは、日本政府は中国政府が台湾を自分のモノだと主張していることを理解して尊重しますよ、という意味で、日本が台湾は中国の領土だと認めたわけではない。日本は台湾とは国交を断絶したが、それは建て前で調印後も貿易関係などは続けたからだ。

あれほど、「ひとつの中国」に固執をしていた中国がよくぞこのようなあいまいな文言で了承したものだと感じるが、この当時の中国は'69年に隣国ソビエトと軍事衝突をして国際的に孤立した状態だった。

それで中国はソビエトの脅威から逃れるためにアメリカに近づき、アメリカも国際的な戦略上中国と近づくために'72年にニクソン大統領が電撃訪中を果たし、日本も同年に田中角栄首相が北京に乗り込んで国交を結んだ。

このときの中国は「ひとつの中国」の建て前を通すことは譲らないものの、国際的な状況を見て日本から提案された文言でも調印したのであろう。

前出の園田茂人東大大学院教授は、

「この時代はまさしくソビエトへの危機感を中国は持っていたのでアメリカ寄りの政策を取り、そこに日本も含まれていたということです。確かに中国は原則の国であって、原則を曲げないと批判されることがあります。しかし、それを個別に詳しく観察していくと、原則はそうなのだが『推し量ってくれよ』という姿勢を外交でも見せているんです。そこをわからないと中国との付き合い方を間違ってしまいます」

建て前を声高々に主張する中国政府という印象が強いものの、実はよく言えば意外に柔軟で寛容、悪く言えばご都合主義というのが日中国交正常化でもわかるのだ。

台湾問題に関しては過敏すぎる反応を見せるというのが、誰もが感じる中国政府の対応の仕方だったが、このことが如実に表れていたのがオリンピックへの参加問題だろう。台湾を外さない限り中国はオリンピックに参加しないと強烈に主張し続けてきたわけで、それは宿敵である台湾を国際的に抹殺したいという中国政府の怨念すら感じたものだ。

今でこそオリンピックで金メダルを多数獲得してスポーツ大国になっている中国だが、'52年のヘルシンキオリンピックを除いて、'80年までは台湾問題のためにオリンピックには不参加だった（ヘルシンキでは台湾が不参加）。もちろん'64年の東京オリンピックも台湾問題のために中国は参加していない。

ところが今はどうなっているのだろうか？　中国は台湾と同時に'84年からはオリンピックに参加しているし、台湾と国際大会で試合をするまでになっても何の違和感もないような状態だ。

中国政府は、台湾が「中華台北」という名称になり、台湾は中国の一部なのだから問題はないのだという大義名分を掲げているが、それなら最初から〝台湾は中国の一部だから〟と言い張ることもできたわけで、頑なに原則論を主張していた中国には振り上げた拳が高すぎて結果がコレなのか？　という思いは強い。

建て前の国・中国

また、'96年春には台湾と中国の関係が悪化した事件があった。中華民国総統選挙で「中国と台湾は別の国」と主張して立候補した李登輝が選挙戦で有利とみるや、中国政府は台湾海峡を挟んで台湾の基隆沖と高雄沖に向けてミサイルを発射する軍事演習を行い、示威的な行動を起こしたのだ。

ミサイルが台湾海峡を挟んで台湾に向けられ、一触即発の緊張状態だと日本のメディアでも報道されたものだ。そのような時期に、私は上海中心部のとある高級レストランで日本人の友人たちと会食をしていたのだが、話題は当然のことながら台湾と中国の関係についてだった。そのとき我々のテーブルの隣に座っていた若い男女のグループの中の女性が愛想よく、

「日本の方ですか？」

と笑いながら話しかけてきた。中国人でも愛想のいい方がいるものだな、と思いながら言葉を交わすと、その女性というのは、台湾から上海に留学している女子大生ということがわかって腰を抜かしそうになったことがある。メディアが台湾と中国との緊張を伝えているのに、台湾からきたその女子大生はお酒の入ったグラスを口に運びながら楽しそうに談笑しているのだ。「台湾と中国の関係について心配はないですか？」と訊ねると、

「関係悪化というのは報道だけだと思っています。建て前の国の中国が台湾の独立を許さないとパフォーマンスで抗議をしているだけですよ。しかし、ポーズだとしてもそんなことをすれば台湾人が反発することもわからないというのは、原理原則ばかりに目を向ける中国政府のだめなところですね。それにもし中国が本気でミサイルを台湾に撃ち込んだら、台湾の後ろにいるアメリカが報復行動を取るでしょうし、台湾海峡を海上封鎖するでしょうから、海外から資源が入ってこない中国のほうにデメリットがあります。当然中国もそれを知っていてのポーズだと思っていますので、私は今回の件はまったく心配していません」

と笑っていたのが印象的だった。

台湾人の中国への反発もあったのか李登輝は選挙で圧勝したが、彼女の言葉どおりに軍事衝突は起きなかった。そればかりか、現在では中国本土から台湾に観光客が訪れるようになっているし、結婚も多い。これは中国政府が徐々に台湾を同化させようとする戦略という声もあるが、「ひとつの中国」問題を知っている世代からすれば、これはいったい何なんだ、という気分になるのは理解してもらえるだろうか。

国際社会での「ゴリ押し」

李登輝元中華民国総統（1923年生まれ）に関しても、中国政府は日本政府に〝圧力〟をかけていた歴史がある。李登輝は日本植民地時代の台湾で生まれ育ち、台湾の大学を卒業後の'43年に京都大学農学部に入学して学徒出陣中に終戦を迎えた。当然日本語は〝母国語〟だし、日本名も持っていたほどの日本通だ。

彼は台湾に帰った後にアメリカの大学にも留学し、コーネル大学で農学博士号を取得している。中華民国総統として、台湾の民主化運動を推し進めて経済発展に貢献した。そして、台湾と中国という立場の異なる国が存在しているという、「ふたつの中国」の考え方を表明していたことで、「ひとつの中国」を国是としている中国政府は李登輝を憎悪の対象と捉えていた。

李登輝が総統を辞して'01年に持病の心臓病治療のために訪日を予定していることを表明すると、間髪を容れずに中国政府から日本政府にビザを発給しないようにとの要請がきた。台湾独立運動を支持する李登輝に日本で政治的な発言をされるのを阻止したいということだったのだろうが、返答をあいまいにしていた日本政府はやっと李登輝の来日直前になって人道的措置という大義名分を掲げて彼にビザを発給し、彼が岡山県倉敷市内の病院で治療を受けたことで騒動は収まった。

その後彼は何度か来日をしているが、'05年以降は台湾からの旅行者は来日時にビザが不要になったために、李登輝が来日することでの支障は起きていない。'07年には戦争中に日本兵として戦死した兄が祀られているという理由で靖国神社に参拝し、そのときには帰国する成田空港で中国人からペットボトルを2本投げられる事件が起きている。

中国政府が日本政府に対し李登輝にビザを出すなと抗議するのは、日本に対する内政干渉であることは明白なのだが、原理原則の国、無謬性の国の中国はそうすることが当然だと思っているようだ。

李登輝がアメリカを訪問したときにも中国はアメリカに対して同じように抗議をしたが、アメリカはそれを無視して入国させ、それで何の問題も起きていない。これと比較して、'01年訪日時の李登輝へのビザ発給に際して病気治療という人道的な理由をつけて中国政府へ説明することなど、アメリカの応対を見習えば必要もないのだろうが、そこが日本と中国の微妙な関係なのだろう。

こうやって、中国の外交の歴史を眺めていくと、中国はけっして外交上手ではないことがわかってくるだろう。これが如実に表れたのが、'10年10月のノーベル平和賞の決定ではないだろうか。平和賞は中国の人権活動家の劉 暁波《りゅうぎょうは》さんに与えられたが、中国政府がノルウェーの平和賞選考委員会に対して劉さんを選出しないようにと夏前から圧力をかけてきたことを委員会が明らかにした。過去のノーベル平和賞の受賞者にはソ連で反体制運動をしていたサハロフ博士もいたし、ミャンマーのアウン・サン・スー・チーさんもいた。

このような歴史を持つ委員会に向かって選ぶなと圧力をかけることがどんな結果をもたらすかを中国政府は想像できないのだろうか？　しかも中国側はノーベル平和賞が劉さんに決定した後もノルウェー政府に対して、貿易などで脅しをかけているのだ。しかし、平和賞委員会はノルウェー政府からは独立した存在であり、中国の対応の仕方は国際的に見て十二分に顰蹙を買っている行為であることを理解していないように見える。

このような行為にでるのは中国が潜在的に中華思想の国だからでもあるだろうし、原理・原則をゴリ押しする中国政府の性格と考えれば理解ができるだろう。

日本だけは反論できない

また、李登輝の問題はチベットの問題にも通じている。チベットの独立を阻止する中国政府はダライ・ラマ14世が訪日することに対して抗議を行っているし、彼が訪問する各国の政府に対しても抗議を申し入れており、日本政府はそのたびに対応に苦慮している。

この問題が日本で大きくクローズアップされたのが、'08年4月に長野市で行われた北京オリンピックの聖火リレーだった。北京オリンピックでは歴史上初めてという全世界を回る聖火リレーを展開した。それは一ヵ国一ヵ所で聖火リレーをし、飛行機で世界中を移動していくという、何のためのリレーなのかとクビを傾げるようなパフォーマンスを行った。'08年4月7日にフランスのパリで行われた聖火リレーでは人権擁護団体による妨害行為のために聖火が5回も消されてしまうという報道映像が全世界に流された。これはチベット問題など中国国内の人権弾圧に抗議する妨害活動で、パリだけでなく、この聖火リレーは行く先々で騒動を引き起こしていた。

中国側は聖火リレーを守るために自国の警護隊を聖火の周りに配置して、妨害活動を排除する作戦を取ったのだが、現地国の警察でもないのに妨害活動家を拘束するという傍若無人な警護隊の態度にも反発の声があがっていた。中国からすれば世界中で行う聖火リレーは国威発揚の最高の機会と考えていたのだろうが、その目論見は脆くも崩れ、反対に中国の民族問題を世界中に知らしめる機会を提供することになってしまった。

日本での聖火リレーは長野市だけで市内を半日間リレーする予定になっていたのだが、スタート地点に予定されていた善光寺側はチベットとの仏教の繋がりを尊重する姿勢を見せ、それと騒動が予想されることを理由に、前日になって急遽スタート地点になることを辞退するというハプニングが起きてしまった。そして評判が悪かった中国側が用意した聖火リレー警護隊は日本では認めないことになり、その役割を日本の警察が担うことになった。

4月26日に行われた聖火リレーはテレビで生中継され、3000人ともいわれた警備の警察官に守られた異様な聖火リレーの映像がお茶の間に流れた。そこには沿道で中国国旗を手にした中国人留学生などの応援団とチベットの旗を手にした抗議グループの姿が映し出され、聖火リレーを邪魔しようとした男性が逮捕された。

結局は軽傷の負傷者がでた程度で聖火リレーは終了したのだが、数十台の観光バスで長野市にやってきた中国人留学生たちが熱狂的に中国国旗を振る様子に違和感を覚えたものだ。中国人留学生たちは「愛国心で自発的に長野市にやってきた」とインタビューに答えていたが、留学生にお金はそれほどないはずだし、観光バスを仕立てて都内から長野にやってくるためには組織力が必要なはずだ。この熱狂的な中国人留学生の姿は文化大革命や、'05年に中国国内で吹き荒れた反日デモ騒動を思い起こさせるものだった。

『靖国神社参拝反対』『歴史教科書問題』『釣魚島問題』『国連安保理常任理事国入り反対』などの反日運動は、'05年4月に四川省成都のスーパー・イトーヨーカドーを標的とした暴動に始まって、北京、上海などに広がった。北京の日本大使館や上海の日本総領事館にはデモ隊が押し寄せ投石が行われたり、実際の経営者は中国人なのに日本の店名が付いているというだけで日本料理店が暴徒によって破壊される被害が起きた。

この事態を受けて、町村信孝外務大臣（当時）が急遽北京で李肇星中国外交部長と会談をして謝罪と補償を求めたものの、

「日本の行動が中国人民の心情を傷つけたために発生したものであり中国政府としては謝罪しない」

として日本の要求を蹴ったのである。これはつまり、暴動は日本が原因を作ったのでそれに怒った中国人がやったことだからウチは関係ないでしょ、と言っているのだ。ケンカの原因がどうであれ、結果的に日本が被害を受けているのだからこれは謝罪をするというのが日本では当然だし、総領事館が襲撃されているのだから、国際法でも中国政府は謝罪しなければならないのだが、それが通じない。

この反日暴動に関しては、内政に不満を持つ中国人民の怒りを外に向けさせるために中国政

府が仕組んだという疑惑も持ち上がっている。

アメリカには強硬でない中国政府

しかし、それにしても内政の不満を外に向ける相手というのがいつも日本だということには苦笑せざるをえない。中国政府は自分たちが日本に対して何を言ったとしても、日本政府は反論してこないだろう、という計算をしたうえでやっているのではないかと推測されても仕方がないほどだ。これがアメリカやイギリスなどの欧米諸国やロシアに対してとなると、中国が猛烈な抗議をしたという事例は最近はない。

そのことがよく理解できるのが'01年4月に起きたアメリカと中国の軍用機の空中衝突事件だった。これは南シナ海の公海上で中国の無線通信を傍受していたアメリカ軍の電子偵察機とスクランブル発進してきた中国軍機とが空中衝突し、中国人パイロットが行方不明となり、アメリカ軍機は中国の海南島の飛行場に不時着して機体と乗務員が拘束されたという事件だった。

この約2年前の'99年5月には旧ユーゴスラヴィアのコソボ紛争でNATO軍のアメリカ軍機が首都ベオグラードにある中国大使館を誤爆し、3人が死亡、20人以上が負傷をするという事件が起きており、米中関係が冷え切っている時期に海南島の事件が起きてしまったのである。

中国大使館誤爆事件を受けて、北京のアメリカ大使館には抗議のデモ隊が押しかけ、反日暴動のときの日本大使館にやったような狼藉を繰り返した。誤爆に関してはアメリカ政府は中国側に謝罪し、賠償金も支払ったのだが、北京のアメリカ大使館に対するデモに対してはアメリカ政府が抗議をして、中国政府も謝罪をしている。国際法上はこの処理が正しいのだ。

海南島の事件で、アメリカと中国の関係がますます悪化するのではないかとメディアは予想したが、中国のアメリカへの抗議は日本の首相の靖国神社参拝に対する抗議よりも弱いくらいで、翌5月には機体も返還されて事件は収束してしまった。

この一件だけでも日本に対する中国の対応が他国とは異なっていることがわかるだろう。謝らない中国もケースバイケースで謝っているのだが、日本に対する態度だけが異なっているのだ。それにしてもなぜ中国政府は日本を目の敵に抗議をするのだろうか。それは前述したように、内政から目を逸らすための戦略ということもいえるが、その相手に選ばれている日本という国が中国人からすれば歴史的に属国だという潜在意識があるからではないだろうか。

中国は漢字で書き表してもわかるように世界の真ん中の国という意味で中華人民共和国と名付けられている。自分たちの国が世界の中心と考えており、すべてにおいて自分たちが優れているという〝中華思想〟を持っていることは前述した。

西洋ではフランス、そして東洋では中国がそのような思想を持っていると古くから指摘されているが、その思想において日本は東にいる未開人という意味で『東夷』と蔑まれていた。もちろん北のモンゴルも西のチベットも、そして南のベトナムなども、中華以外は野蛮で未開な国だと蔑んでいたのである。だから中国は今でも日本に対しては優越感を持って接することができるのではないか。

対する日本は歴史上属国になったことがないのは明白だし、中国の属国という意識はみじんもないのは当然のことではあるが、事を丸く収めたいという社会のために、どうしても中国の突っ込みを突っぱねることができない悪循環に嵌《はま》っているようだ。

こんな相手に謝罪するものか！

中国人がケンカをする相手というのは、自分よりも弱い相手であり、腕力の強い相手や立場の強い相手とケンカをすることはない。つまりそれがアメリカと日本との差になるのではないだろうか。アメリカは強いからケンカはできないが、日本なら弱い立場だから圧することができると中国は思っているのだろう。そうでなければ中国の日本に対する対応を理解することができない。前出の園田東大大学院教授が言う。

「中国政府がなぜ謝らないのか？　謝るという行為は中国人にとっては屈辱的なものなので

す。中国人は面子を大事にしますから、面と向かって『謝れ』と指摘されたら面子を潰されたと感じるわけです。そして中国政府、党の上層部の日本に対するコンプレックスというのは日本人が感じているよりも相当大きなものです。日本は欧米列強の力をうまく利用して近代化に成功したし、中国が日本と戦争して勝ったことはない。現在でも日本のほうが経済的にもずいぶんと中国の前を行っている。このことで中国政府の日本に対する応対というのが微妙になるわけです。こんな相手に謝罪をするということは非常な屈辱だということは理解してもらえるでしょう。'05年の反日暴動のときにも中国政府は日本に対して謝罪はしませんでした。これが後になって想像以上に日本の反発を食らったのは予想外のことだったと思います。しかし、これは党の上層部の意向で謝罪をしなかったのですが、上海の日本総領事館の修繕費用は非公式ではあるけれど中国側が出しているんです。これは公式的に謝罪すると党の内部からの突き上げが怖いから『推し量ってよ』という中国側のサインなんですね。中国の外交を見ていると、このサインを出していることに気がつくことがあります。それを推し量ってうまく利用するのが賢い外交ではないのでしょうか」

園田教授が指摘するように、尖閣諸島沖事件でも公務執行妨害で逮捕された中国人船長を速やかに釈放していれば、あのような大問題は起きなかった可能性は高い。日本側とすれば中国人船長を逮捕した実績というのは残るし、素早く釈放しても問題はなかったはずだ。それをズルズルと引き延ばしたから中国側は『推し量らない』日本に苛立ったということなのかもしれない。結局、中国政府は日本に対して謝罪どころか抗議をし続けたわけだが、中国人が謝罪をする相手というのは、中国人が強いと思っている権力を持つ者だ。つまり共産党員や、官僚、そして公安、税務署員などのほかに、お金持ちも強い者に分類される。金持ちが強い者という感覚には、「お金のことを言うのは卑しい」とか「お金がすべてではない」と考える日本人からすると大きな違和感があるが、中国人は露骨にお金に執着する。

「おまえは金をいくら持っている？　オレはこのぐらい持っているからオレの勝ちだ」

というようなウソみたいな話で勝ち負けが決まる。中国は弱い者は叩けという世界だから、人々は金持ちになって強いグループに入りたいと考える。

もっとも近年の日本でもライブドア騒動時に村上ファンドの村上世彰氏が記者会見で、

「（お金を）儲けましたよ。儲けることは悪いことですか」

と、はっきりとお金のことを言う感覚に世間は驚いたものだ。

北京在住の日本人商社マン、松本紀夫さんは、

「中国ではどんな方法を取ってもいいから金持ちになりたいと考えるのが一般的です。極端に言うのなら、勝った者が偉いという社会ですから、殺人や強盗、泥棒をしても人を騙しても金持ちになれば勝ちです。しかし犯罪がバレれば警察に捕まるのは当然のことで、捕まっても割

に合うから犯罪をするとか、それとも割に合わないからやめておく、といったようなバランスの上に中国社会があるように感じます。捕まらないと判断したり、捕まっても罰則が軽くて、その割に利益がでると判断したら犯罪に走るでしょう。たとえば中国では覚醒剤密輸は50グラム以上所持していれば死刑になりますが、それで何億円も儲かるとわかったら、罰則を天秤にかけて犯罪に走る者がでてきます。中国人の犯行は確信犯が多いですから強盗殺人でも皆殺しとか、容赦がないのが特徴です。だから中国の家庭では人を見たら泥棒と思え、騙されるなという教え方は当然なのです。中国は一般的に犯罪に対して罰則が日本よりも厳しく、罰則の重さで犯罪を抑制しようとしているのでしょうが犯罪は減りません」

と言う。前出の留学生、林秀雲さんも、

「家では騙されるなということを多く言われます。相手のことをしっかりと見極めろ、という意味ですね」

と指摘するのだ。

力関係で弱い立場にある相手には面子があるから謝らない

中国人が謝らないという問題について中国人たちに話をすると必ずといっていいほど返って

くるのが、

「中国人は面子を非常に大事にするので、謝らない」

という言葉だ。中国人は日本人が想像する以上にプライドが高く、他人の目を気にする。現在は事情は少し変わっているが、かつての中国で大学出というのは自他ともに認めるエリートで、肉体労働のような3Kの仕事に就かないのは当たり前のことで、労働者とは食卓もいっしょにしないというほどプライドが非常に高い。

また上海や北京などの都市出身者は農村出身者に対して優越感を持っているし、実際に都市戸籍と農村戸籍という差別があり、それで賃金が決められるのでその格差が大きくなっている。地方でも政府の共産党幹部クラスになるとプライドは相当なもので、彼らは中国社会では強者であり敵はいないも同然だ。日本のホテルで騒いでいて、ホテルの従業員に注意をされて食ってかかるのは、

「おまえのような地位の低い者に注意されるような者ではないんだ」

という思いからくることがまずある。それと、ほかの人の前で面子を潰されたという思いもあるのだ。

「中国人は人前で怒られたり、注意されるのを非常に嫌います。いくら筋が通っていたとしても人前でそれをやられたら、面子を潰されたということで謝罪をすることはありません」（前

出・留学生、林さん）

となれば、謝罪をしないで言い訳や反論ばかりに終始するというのは、強者の立場とすれば当然の振る舞いだということになる。

「中国人にとって面子を守るということは、自分が揺るぎない強い意志を持っているのだと周囲に思わせることなんですね。それを潰されたと感じれば猛烈な抗議をします。面子を守ることで、あの人はポリシーを持っていると周囲が認めることに繋がるんです。それをやらないと、どんどん責められてしまい、その人の力が失われると考えられています」（林さん）

面子を大事にする中国人と付き合うのは非常に面倒な感じがするが、

「注意を促すときには人前で言わないで、誰もいないところで言うというのがひとつの方法です。プライドが高い国民性ですから、とにかく人前で注意をされることを中国人は嫌います。ですから、場所を変えて皆がいない所で注意をするのが得策です。

それから、理詰めで追い込むような注意の仕方をすると逆ギレするんです。遅刻をしてきた者に対して、なんで遅れたと注意をしても言い訳ばかりするのがオチですし、時間の無駄です。そんなときには『今度は遅刻をしないように。したらペナルティを課す』と言うようにします。『キミには期待をしているから今後は注意してください』というのも効果的です。それでも直らなかったらそもそも資質がないのですから、関わりにならないほうがいいでしょう」

（前出・商社マン、松本さん）

つまり誉めてプライドをくすぐることで中国人は面子を保つことになる。これほど日本人が中国人に謝らせることは難しいのだ。

第4章

中国人はなぜ平気でパクるのか

ディズニーランドまでパクる

'07年5月、日本中を驚かす報道が中国から配信された。北京にある石景山遊楽園でミッキーマウスやダンボ、ドナルドダックなどディズニーのキャラクターをウォルト・ディズニー社の許可なく自前で勝手に作っていたことだった。

この遊園地は公営で、'86年に開業してから北京市民の憩いの場所として年間150万人も集客している有名な遊園地だったが、'05年9月に香港にディズニーランドがオープンしてからは『ディズニーランドは遠すぎる、石景山遊楽園にいらっしゃい』というキャッチ・コピーで、ディズニーランドに対抗するためにシンデレラ城に似た建物を造ったり、パクリのミッキーマウスなどを登場させて集客を図ってきた。公営でありながらお役所仕事らしくない園側の経営意欲はたいしたものだが、ミッキーマウスやミニーマウスのほかにドナルドダックやくまのプーさん、ダンボ、白雪姫と七人の小人などのディズニー定番のキャラクターをパクっていた。

ほかにも日本のキティちゃんやドラえもんのキャラクターも出現するパクリ遊園地なのだ。

石景山遊楽園のニセ・ミッキーはディズニーオリジナルのミッキーマウスに似てはいるものの粗悪な作りで、白雪姫と七人の小人もかわいいというよりも不気味な印象を受ける。パクリ大国、中国を代表する施設として石景山遊楽園にはメディアが殺到したが、園側はミッキーマ

ウスを撤去したものの、

「あれは、耳の大きな猫です」

と言い訳をしたものだから、火に油を注ぐように批判の声が集まってしまった。

騒ぎが起きてから園内のパクリキャラクター類は撤去、または破壊され、園内には無残な破片が散らばっている様子もメディアによって撮影されていた。にもかかわらず、

「抗議を受けたから撤去したのではなく、（遊園地の）出し物を替えただけだ」

とあくまでも園側は強気で、自らの非を認めなかった。これも典型的な中国の言い訳の仕方で、もしパクったことを認めてしまえば責任が自分にふりかかってくるし、責任の所在を上層部から追及され、叱責されることは目に見えている。〝無謬性の国〟としての立場では謝罪することができなかったのだろう。言い訳をしたために事態が大きくなっていくという発想はなく、その場を口先だけで収めてしまおうという単純な考え方が見える。

それにしても石景山遊楽園側がパクったディズニーキャラクターというのは、著作権や知的財産権で世界一厳しいと言われているウォルト・ディズニー社の管理下にある。ディズニー社は自らが持つキャラクターなどの著作権に対して非常に厳格な処理をすることで有名で、今回の石景山遊楽園についても当然のことながらディズニー社は著作権侵害だと告発した。厳格なウォルト・ディズニー社までパクるとは、大胆すぎるといえる。

ガンダムもマックもケンタも上島珈琲も

しかし、このようなパクリはもはや中国伝統の技になっているようだ。'10年12月にも華々しく現れた。パクったのは日本の人気アニメ『ガンダム』。四川省成都市の遊園地『国色天郷楽園』に15メートルものロボットがお目見えしたのだ。顔の造形や体格、そして肩にはガンダムに記されている『EFSF』の文字もある。安っぽい黄色のボディカラーは異なるものの、元祖ガンダムのパクリであることは歴然だった。が、遊園地側は「これは、オリジナルです」「名前は単なるロボットです」とガンダムのパクリを否定したものの、あまりの取材攻勢にロボットの顔にシートをかけて騒動をシャットアウトしたのである。

大胆といえば、日本でも人気のハンバーガーチェーン店のマクドナルド（以下マック）とフライドチキンのケンタッキーフライドチキン（以下ケンタ）を足して2で割ったようなチェーン店が中国にある。

店名は『麦肯基』。マックは中国で『麦当労』、ケンタが『肯徳基』だから、中国では通称『マクタッキー』と呼ばれており（正式名称はマイクンチー）、ハンバーガーとフライドチキンを本家よりも2割ほど安い値段で提供し、味も本家とほとんど同じだと人気を集めている。

ニワトリと人間を合わせたようなキャラクターがシンボルのマクタッキーは本家と同じよう

に赤を基調にした店舗で、ぱっと見にはマックやケンタと店の造りは似ている。広東省にある本社が'06年ごろから中国全土にチェーン展開を行っているのだが、マクタッキーに関しては法律上はマック側もケンタ側も会社として手が出せない。だが、中国ではこのマクタッキーの店舗の外観のデザインをパクって同じようなメニューで営業している店まで登場している。パクリのパクリというわけだから『パクリ王国』の名に恥じない仕業であろう。

また、中国の大都市で数多く店舗を見かけることができるコーヒーのチェーン店に『UBC COFFEE　上島珈琲』というのがある。日本人になじみがあるのは『UCC上島珈琲』だが、中国のそれは『UBC』。中国全土に800店もあるというから、相当の人気がうかがわれ、日本の『UCC』が中国で店舗展開をしているのだろう、と思っている日本人観光客も多い。だが、実は'33年に神戸で発祥した日本の老舗珈琲店の『UCC上島珈琲』とはまったく関係がない。当の『UCC』は中国に進出していないので実害はないかもしれない。しかし、UBCが嫌いな中国人観光客が日本を訪れて、UCC上島珈琲の店舗を見たら、

「中国にあるUBCの支店だろう」

と思って入店しない、ということが起きる可能性もある。

パクリ疑惑とは少々異なっているが、石景山遊楽園の事件の数ヵ月前にも、日本のお茶の間を仰天させるようなニュースが中国から飛び込んでいた。

'07年2月に報道されて騒ぎになったのは『緑のペンキの山』。雲南省昆明市富民県の石を切り出していた老首山という山が舞台だった。石を切り出した山肌がハゲ山となっていたところに緑のペンキを塗っていたことが大きな話題を呼んだ。

山肌にペンキを塗って森林のように見せる、という大胆な発想をしたのは採掘をしたオーナーと役所と林業局の役人である。地元の住人たちはハゲ山を緑化したいと苗木の提供を役所に陳情していた。が、要望していたにもかかわらず、同じ緑でもペンキが直接山肌に噴霧されてしまったというわけだ。

オーナーは1万元（約14万円）の費用で幅50メートル高さ30メートルをペンキで塗ったのだが、このペンキは船舶用に使用されている油性のもので、有害物質が含まれているため、溶け出すと地下水や川に流れ込んで大変な問題を引き起こすのではないかと懸念されている。しかしいったいなぜ、山肌にペンキを塗る発想が起きたのだろうか？

実は、オーナーは多くの中国人がそうであるように風水に凝っており、自宅の窓から見える山肌を緑色にすると幸運を呼ぶというご託宣を受けていた、ということが判明した。

気の流れを物の位置によって図るという風水は、中国では凝る人が多く、日本でも家相学や方位学を尊重する向きもあるが、それ以上に一般に浸透している。しかしそれにしても、森林までニセモノで覆ってしまう、というのには日本中が唖然としたものだ。国営の新華社通信も

「失笑してしまうようなハナシが現実に行われていた」と配信しているくらいだから、ニセモノ大国の中国人も呆れてしまう出来事だったに違いない。

上海万博パクリ騒動の落としどころ

また、'10年5月1日から中国の威信をかけた上海万博が開幕したが、開幕直前にとんでもないパクリ騒動が持ち上がった。上海万博の公式PRソング『2010は、待っている』のメロディーが日本のシンガー・ソングライター、岡本真夜の『そのままの君でいて』とまったく同じではないかという疑惑の声が、4月半ばに中国国内のインターネットで流れ出したのが発端だった。公式PRソングは、3月30日に上海市内で開催されたカウントダウン・コンサートで初披露され、万博イメージ大使のジャッキー・チェンらが歌う様子がテレビで流れると、曲が似ているというパクリ疑惑の声が中国国内でインターネットに書き込まれていった。

この2つの曲を聞き比べれば、パクリというよりは完璧な盗作ではないのか？　というぐらい似ている。一般的に楽曲のパクリというのは、サビの部分だけとか、一部分を拝借することが多く、パクっていることが判明しないようなやり方をするものだ。この曲は稚拙というか舐《な》めきったもので最初から全部コピーしている。聞き比べれば誰でもわかるので騒ぎは大きくな

ってしまった。これに対し、作曲者の繆森《ぼくしん》さんは、

「部屋で歩き回り、足でリズムを取って曲を作った。過去の（自分の曲の）作風とは違うが、万博に向けて軽やかな感覚を取り入れた」

とあくまで自分の曲であると弁明した。しかし、「実は岡本はタイムマシンに乗って、2010年に先回りして万博PRソングを聴き、それを基に'90年代に作曲したのだから、岡本がパクったんだ」と中国のネットでも自嘲ぎみに書き込まれてしまうほど、形勢が不利だった。

万博事務局は自発的にPRソング使用停止を表明し、岡本側に対して同曲の楽曲使用の申請を水面下で行っていたことが明らかになったのだ。この経緯については事務局側も岡本側も詳細を明らかにしていないが、事務局側は曲のカバーの許諾と万博限定での全権利譲渡を依頼したという。

「世界中が注目するイベントである上海万博に協力させていただける機会をいただき、とてもすてきなお話で光栄です」

と岡本側は盗作疑惑についてはふれないコメントを出し、大人の対応をした。

中国が威信をかけて開催する上海万博は万博事務局が運営しているが、事実上は国際万博のカテゴリーなので中国政府が開催していると国際的には認識されている。そこで起こった盗作騒動がどれだけ上層部の逆鱗にふれたのかは想像がつく。

中国人が最も大事にする面子を潰されたのだ。そこでなんとか面子を潰さないように岡本サイドに口をつぐむように働きかけたのではないだろうか。

しかし、岡本サイドがこのような『大人の対応』をすれば、今後似たような問題が引き起こされた場合に事後承諾で大丈夫という感覚を持つことになるだろうし、見つからなかったらそのまま頬被りしていればいい、ということにもなる。

ところが予想されたように、4月22日になって作曲者の繆森側の事務所が、

「あれは盗作ではなく、岡本側の事務所とは（盗作していないと）合意をしている」

と発表したのだ。結局PRソングは岡本のカバー曲ということで落ち着いたが、なんとも釈然としない幕引きではある。日本で騒動になったこの事件も実は中国国内ではまったくといっていいほど騒動にはなっていない。この件はインターネット上で騒がれているだけで、テレビ報道は政府の監視下にある中国だけにテレビの報道もなく、ナーバスになっている様子がうかがわれる。

4月30日に上海万博の開幕式が行われて、中国でも人気がある谷村新司が自らの曲『昴』を熱唱したが、万博イメージ大使のジャッキー・チェンは万博公式ソングを結局歌わなかった。やはり盗作騒動で中国側が自粛せざるをえなかったということだろう。

ベンツもアディダスもソニーも

また、同じ時期に北京ではモーターショーが開催された。中国の本格的な乗用車生産は20年も経たない浅い歴史だが、'10年には中国の自動車メーカーが世界的に有名なスウェーデンの自動車メーカーのボルボを買収することを発表して欧米日の度肝を抜いた。中国の自動車メーカーが生産する自動車というのは、スタイルがベンツやトヨタ、ホンダに似ている、またはパクっている、という評価が多いのは事実だ。この北京モーターショーにもパクリ疑惑の自動車が出品されていた。それはベンツの『スマート』に似た小型の乗用車なのだが、どう見てもデザインはウリふたつだ。この自動車を出品した会社の担当者がテレビのインタビューで、

——『スマート』に似ていますが？

という質問を向けられて、

「いや、違います。スマートのエンジンは後ろですが、ウチのは前にありますから」

と胸を張って答えていたのを見て、唖然とした。エンジンが前だろうと後ろだろうと、デザインがいっしょということを問題にしているのだが、担当者はそれもわからなかったのか。意匠という権利があることを担当者が知らないということは考えられないからトボケているのかもしれない。モーターショーという全世界が関心を持つイベントにも疑われるような〝製品〟

を堂々と出品してくるのだから、これでは電化製品などのパクリもなくならないわけだろう。

このように、中国ではあらゆるもののニセモノが作りだされているといっても過言ではない。パクリにはニセモノ商品とコピー商品との2種類があり、ニセモノ商品は本物と寸分違《たが》わぬものでこれは正確にはデッドコピーと呼ばれ、コピー商品はロゴを多少いじくっているので模倣品と呼ばれている。デッドコピーは当局に摘発されればアウトになるが、コピー商品の場合には自分たちが考えた商品だという言い訳ができるので、かなりのコピー商品が中国国内では流通している。

有名ブランドのロゴをパクっている例も山ほどある。

まずは、スポーツ用品メーカーのアディダス（adidas）は中国でも人気があるが『adiass』『adadas』『avivas』『odiddos』などが堂々売られている。同じくスポーツ用具のプーマ（PUMA）も、『Fuma』『pure』『punk』と遠くから見るとロゴがプーマと読み違えるような文字を使用しているし、高級時計のロレックス（ROLEX）は『POLEX』、プラダ（PRADA）は『PARADI』、シャネル（CHANEL）は『GHANEL』、ジョルジオ・アルマーニ（GIORGIO ARMANI）は『GEORGI AMONI』という具合に〝工夫〟がされている。

名前を変えて販売しようとすることは、製造している者たちに著作権という意識があることの裏返しである。製品名を少し変えるというのは摘発時に逃げ道を作るための方策なのだ。

また、日本製品のパクリ、盗作も多数あり、JETRO（日本貿易振興機構）北京センターによると、『SONY』の乾電池が『SQNY』とパクられているし、『SHARP』は『SHARK』と変えられている。また『S&B』は『S&D』になってチューブ入りワサビが販売されていた。そのほかにもウルトラマンやキティちゃん、そしてピカチュウなどのグッズもパクられていたことが指摘されている。

'11年6月には中国の高速鉄道の北京―上海間が開通した。使用している車体は日本やカナダなどのライセンス生産だが中国側は「車体も改良したのだから独自の技術だ」として特許を申請する動きを見せて世界中を唖然とさせた。しかし、7月23日に温州市で中国版新幹線の衝突死亡事故が発生し、中国の性急な高速鉄道開発に日本でも疑問の声が上がっている。

国家も黙認する「パクリでも儲かればよい」

特許庁が'10年3月末に公表した『2009年度模倣被害調査報告書』には日本の主要企業8000社へのアンケート結果が記載されているが、これによると中国での被害が最大で62％、模倣被害を受けた企業の59・8％が模倣品は中国で製造されていると回答している。JETRO広報によると、

「模倣品による被害額は甚大で、実態把握が容易でないために明確な数字は出せないのが現状です。模倣品が一般の流通経路に流れることが少ないために、貿易統計、流通統計などには反映されないからです。そのために被害額の算定を困難にする要因のひとつになっています。ただし、中国の場合、OECD（経済協力開発機構）が'09年に公表した、世界の模倣品被害状況によりますと、全貿易額の約1・43％が模倣品であろうと推定しています。しかし、これはあくまで推定で税関の摘発を逃れたものや非正規ルートで輸出されたものも多く、実態はこれ以上だと言われています。繰り返すようですが、模倣品製造・取引の実態はアンダーグラウンドでもあり、実態規模は推測の域を脱しないことをご理解ください」

と模倣品被害の実態を把握することの難しさを説明する。中国のパクリ天国を批判する日本も、昭和初期には火が付かないマッチを輸出していたり、終戦直後には品質の劣る偽造ブランド品も数多く製造しており、国際的にも日本製品は信用がなく『Made in Japan』が粗悪品の代名詞と呼ばれていた時代があった。しかし、その後は著作権などの権利を遵守する体制が築かれ、日本製品は国際的な信用を得てきている。

一方、中国の製品は「安かろう、悪かろう、インチキだろう」というイメージが中国国内もふくめて世界中に浸透しているのが現状だ。中国政府は'08年に『国家的知的財産権戦略綱要』を打ち立てて、取り締まりを強化すると発表しているが、実際にはニセモノやパクった製品についての厳罰措置を取っていない。著作権などの知的権利という国際的なルールに対して中国人および中国政府の対応は非常に鈍いといえる。

これは中国の地方政府が自らの収入を増やすために、パクリ企業の取り締まりを強化していないという裏事情もある。地方政府とすれば、パクリでも何でも税収が増えるのが大事なことであり、それが中央に認められることになるからだ。

ちなみに上海万博の公式キャラクターの『海宝』のニセグッズも万博開幕直後から会場脇で堂々と売られていたが、摘発どころか、

「安い、安い」

と観客たちが購入していたという。これらが取り締まられたというニュースも入ってこないのだから、黙認されているのだろう。

中国が改革開放政策に転じてからすでに30年以上が経過し、国際的な情報も現在ではインターネットで瞬時に入ってくる時代となり、'08年には北京オリンピックも成功させ、'10年には上海万博も開催されて国際的にも注目をされているのに、頑なにニセモノ大国のブランドを死守しているようにさえ思える。余談だが、北京オリンピックでも開会式の同時中継の映像が実は一部はＣＧで製作されていたことや、歌を歌った少女が実際は声を出さない〝口パク〟だったことが後に判明して、これも一種の偽装だと非難を浴びている。

偽造技術はNo.1

ブランド品のバッグや高級時計などのニセモノは中国に限らず、タイやフィリピン、そして中近東、中南米の国々でも珍しいことではなく、かつての日本でも堂々と売られていた（今ではネットで売買されているところもある）。しかし、中国では公文書のパスポートや戸籍、結婚証明書、死亡証明書、大学卒業証書などにもニセモノが溢れている。ニセ札まであるのだから、ニセモノ大国の面目躍如といったところであろうか。

このビジネスのために、中国の街々にはニセ証明書の代行作成を宣伝する名刺大の紙がところかまわず貼ってある。それはまるで15年ほど前に日本でも見受けられた公衆電話ボックスにベタベタと貼られたデリバリー・ヘルスのチラシのようで、当局がすぐに剝《は》がしているのだが、次の日にはまたベタベタと貼られる。

また、落書きのように壁に連絡先の電話番号が書かれていることも多いし、なんと地べたにまで貼ってある。これは偽造書類の作成請負だから違法行為なのだが、中国人にとっては身近な存在なので違和感を持つこともないという。

さすがに日本では公文書のニセ書類を作成するという考えはあまりなじみがない。偽造犯罪はあるが、一般人の身近には偽造を請け負うような組織はないし、免許証やパスポートの偽造もないことはないが、中国のような例はない。

たとえば『オレオレ詐欺』という犯罪で考えてみよう。オレオレ詐欺で絶対に必要なのは、電話をかけるための携帯電話と被害者に振り込ませるための銀行口座だ。これらを手に入れるのに偽造住民票を作って銀行口座を開設しようという発想はない。公文書を偽造するよりもホームレスなどにお金を支払って戸籍や住民票を手に入れるほうが何十倍も楽だからだ。そのようにして携帯電話や銀行口座を取得するのが一般的な考え方だろう。しかし、中国社会ではニーズに応える組織ができあがっているのだから、身近な存在に頼んだほうが楽なのだ。

外国で働いて金儲けをしたい者はパスポートが必要だし、中国では戸籍上、都市出身か農村出身かによって給料も地位も変わるので、戸籍のニセモノの需要が高い。日本に留学を希望する者も証明書を偽造するケースが目につくと、日本の複数の大学関係者は指摘する。

都内のある大学事務職員は、

「日本に留学を希望する場合は戸籍とか収入証明書、保証人などの証明書が必要ですが、大学卒業証明書の偽造というのは5〜10年前には非常に多かったですね。

中国では北京にある北京大学、そして精華大学というのがトップクラスの大学ですが、ウチの大学を希望する中国人留学生もそこの卒業生だという者が多かった。しかし、同じ大学を同じ年に卒業しているのに、提出された卒業証明書の様式が多様なんです。どれかがニセモノで、どれかが本物と思って調べたら全部ニセモノということもありました。

私費留学生が増えてから偽造卒業証書での入国者が増えたのですが、当初は入管も区別がつかなかった、というのが実情で、入管に何回も呼ばれてどれが本物だ？　とクビを捻ったこともありました。今は相当パターンがわかっているので、偽造は見破ることができるようです。担当の入管係員も苦笑せざるをえないような話ですが、当の中国人は、見つからなくてビザが取れたらラッキーという程度で、罪の意識というのはないようです」

この大学卒業証明書のニセモノは留学書類だけでなく就職用でも活躍するので需要が多く、北京大学や精華大学のニセ卒業証明書は５０００元（約7万円）ほどで作成されているという。

実はこの中国の便利な偽造屋は日本にも進出して商売をしていた実績がある。'05年に愛知県警が都内にある中国人の偽造団アジトを急襲して摘発した事件がある。調べによると、摘発された中国人は偽造した外国人登録証やパスポート、運転免許証をコロンビア人やイラン人、モンゴル人など二十数ヵ国の客の注文に応じて作成して販売していたというのだ。ホログラムシールも用意されていて、一見ニセモノとは見分けがつかない精巧な出来のために、客からは重宝されていたという。

年齢も生死も偽造横行

また、中国では借金を作った者は、自分の存在をなくして借金から逃れる方法を取ることもあるので、死亡証明書の需要もある。北京在住日本人商社マンの高橋亮二さんが言う。

「結婚証明書もあるし、自動車のナンバープレートの偽造も、代行作成業者に電話をするとパッパッと作ってくれるんです。出来の悪い業者もあるので出来の良い業者は口コミによって信用を得て商売繁盛しているようです。

所得証明書も実在の会社の印鑑を押したものを用意してあるし、地方官庁の公印が押された証明書もあり、じつに凄いというか便利です。また、我々はイジリ屋と呼んでいるのですが、そこに頼むと30元（400円強）ほどの安い値段で空の領収書を用意してくれましてけっこう重宝がられています。たとえば電器店さんの領収書を手に入れて、テレビやエアコンを購入したことにして経費を浮かすということは皆やっていることではないでしょうか。中国人はそれが当たり前と思っていますから罪の意識はありません」

売春婦の身分証明書も偽造だしニセモノだらけの社会で生活している中国人は、たいがいのことは法律ではなくお金で解決すると思っており、ニセモノを使用することにまったく罪の意識がないのだろう。

ニセモノといえば、年齢詐称もある。ＡＰ通信が'10年4月に、オリンピックの参加資格を得るために年齢を高く詐称していた選手がメダルを剝奪されたと報じた。

これは２０００年シドニーオリンピックの体操女子団体総合で銅メダルを獲得した中国選手に年齢の規定違反があったとＩＯＣ（国際オリンピック委員会）の理事会で裁定されたもので、選手は16歳に達していなければならないのに、団体メンバーの一人が14歳であったことが判明したのだ。

14歳の選手の知恵で2歳年上の参加資格の偽造書類を作成したわけではないだろう。これは中国の体操連盟内部でも知られていたことは容易に推測できる。参加資格という最低限の国際ルールを破るという行為をすること自体、この国の偽造体質が如実に表れている。

勝手に商標登録して「ニセモノ」呼ばわりも

このようなニセモノは物品でも横行している。ニセブランド品を購買する者も、

「ブランド品の本物は高価で買えないけれど、それに似た品でリッチな気分を味わいたいから手に入れました」（上海市民）

というぐらいの感覚しかなく、当然罪の意識がないどころか、製作する側も購買客を満足さ

せてやっている、という意識のほうが強い。それどころか、ニセブランド品を売った側も買った側も皆が幸せになるのだから何が悪い？　という感覚を持っている。

中国人にも人の物を盗むことは悪い、という意識はあるのだが、他人が考えたものをコピーしたりパクっても直接盗むということではないと考えているといわれていた。しかし、そのような見方は過去のものであり、中国人は確信犯的に知的財産権を侵しているとしか判断できない事態が起きている。

というのは、中国人および中国の企業による『商標登録』の問題が引き起こされているからだ。商標登録とは、製品などを販売する場合に他人が真似をして商売しないように、製品名を権利として企業や個人が出願して取得、登録するシステムで、日本では特許庁が管轄をしている。特許庁の『２００９年度模倣被害調査報告書』によると、'09年に中国で日本の企業が被った商標権被害は約２４７億円という試算が上がっている。

中国による商標登録問題がメディアに大きく取り上げられたのは、'04年に起きた漫画の『クレヨンしんちゃん』の件が最初だった。'97年に中国の企業が『クレヨンしんちゃん』の中国語表記『蠟筆小新《ラービィイシャオシン》』の商標を中国国内で出願し登録していたのだが、著作権を持つ出版社の双葉社はそのことを承知していなかった。

『クレヨンしんちゃん』は日本では'90年に漫画が発行されて'92年にテレビアニメとなって人気

を集めてグッズも販売されていた。その後、台湾でも人気を呼び、グッズが販売された。双葉社は'04年に上海のメーカーと『クレヨンしんちゃん』のライセンス契約を結び、このメーカーは中国国内でグッズを販売しはじめたのだが、商標権を所有する中国の企業からそれは「コピー商品」だと訴えられたのだ。本物がニセモノだとクレームをつけられたことで、'05年に双葉社は『第三者が勝手に（商標）登録しただけで本物はこちらだ』と訴えて何度か審議があったものの、結局'08年には『（中国での）登録から5年が過ぎているから』などの理由で、双葉社の訴えが却下されたのである。要は、登録した案件について不服がある場合には訴える期間が設けられているのに、双葉社はそのことを怠ったという判断だった。

このことは〝本物がコピーに負けた〟と日本でも話題になったものだが、その後、登録権利を所有する中国の企業から双葉社に権利を譲るという提案がなされている。しかし、これで一件落着というわけにはいかず、一説には数十億円なら権利を譲るという提案だったので、双葉社が蹴ったと言われている。

双葉社が提案を断ったという気持ちは痛いほど理解できるし、この件はなんとも理不尽だとも感じるが、出願・登録自体は中国の法律には違反していないので合法だというのが非常にやっかいな問題となっている。中国の企業は自分で商売をするために商標登録をしているわけではない。単にヒットしそうな目ぼしい名前を手当たり次第に、それが中国で販売されようとするときに権利を主張するためにだけ商標登録をしているのだ。

簡単にいうのなら、適当にツバをつけておいて引っかかったら儲かる、という構図で、これは日本側からすると、自分の会社の製品は中国では販売しないから問題は起きない、という単純なことではないので注意が必要だ。というのは、日本の製品と同じ名前を商標登録した中国の業者が中国で製造したその製品を第三国に輸出した場合は、第三国では、中国のその製品が本物であると信じられるわけで、もしそれが粗悪品であれば、製品の信用が低下する問題が起きることになる。

「アレは中国のメーカーが勝手に製造して売っているのだからウチとは違います」

と弁明をしたとしても、一度信用が落ちれば他の国への影響が大きい。

衣料品などを販売して人気の『無印良品』も、香港の会社が中国での商標権を保持していたが、やっとのこと'06年に北京での裁判で登録は無効との判断が下りている。このほかにもブランド米の『こしひかり』や『ひとめぼれ』も中国の企業が商標出願していたことが判明して、日本側から取り消しを求める申請が行われている。

自らの国が他国の知的財産権を平気で侵す『ニセモノ大国』でありながら、一方で商標の権利を主張するのは、権利のことを十分に理解したうえで自らの都合のよいように行動しているとしか思えない。

日本の地名も中国のもの

しかし、前出の日本の製品に対する商標登録よりも驚くのが、中国の会社が日本の地名を商標登録していた事件だった。JETRO北京センターの調べによると、中国では東京・大阪・京都などの著名な都市を除き29の地名が商標出願されていた。このことが発覚した発端は、青森県が中国へりんごを輸出販売しようと中国での商標登録を出願したときに、すでに'02年7月に広州市の企業が『青森』と出願していたことに気がついたからだ。

青森県側は'03年6月に異議を唱え、5年近くもの間係争していたのだが、'08年3月に青森側の主張を認定する裁定が最終的に下されたのである。しかし、登録を却下された広州の会社は『青森』の森の部分の3つの木を水という字にして「あおもり」と読ませる字体を再び出願しているというから呆れるばかりだ。

日本の地方自治体は日本の地名への中国での商標登録出願の乱発に戸惑っている。というのも、中国では日本の特許庁にあたる商標局が登録案件を公示してから3ヵ月以内に不服申請を行わなければ登録されてしまうからだ。登録後も5年間は不服申請を受け付けるが、裁判という形を取らなければならないので時間と費用がかかる。それを避けるためには、中国の商標登録をチェックするための中国語のわかる専門職員を雇わなければならず、その費用は税金で賄われることになる。

しかし、これでは日本各地の地方自治体の負担が重く大変だということで、'09年には日本政府が一括して中国における日本の地名などの商標登録を監視する仕組みを作ることを表明し、JETRO北京センターがその役目を担っている。中国人による日本の地名などの商標登録の動きについては、日本人の心情を逆撫でしていることは事実なのだが、今のところ中国政府が自主的にこの動きにストップをかけようとする動きはまったくない。

JETRO在外企業支援・知的財産部知的財産課の吉村佐知子課長が説明する。

「模倣品・海賊品が中国に多い大きな理由は、やはり国家単位での摘発が少ないということが挙げられると思います。中国は地方政府によって摘発をしていますが、どうしても地方保護主義ですので自分のところの企業を摘発することに鈍くてうまくいっていません。また、バッグなどのブランド品の市場単価が高いので、コピー商品がなくならないという理由もあると思います。そして、これらの罰則が非常に甘いのも模倣品がなくならない理由ではないでしょうか。中国では行政罰と民事罰、刑事罰がありまして、模倣案件は行政罰になるのですが、罰則の上限が10万元（約135万円）と決まっていても下限は決められていないという状態です。ですから捕まっても儲けたら勝ちということになるわけです。商標権については、JETROの北京センターでチェックをしておりますが、なかなか頭の痛い問題です。模倣品の被害金額については統計を出すことが難しいのですが、被害は増えていないけれども、減ってはいないというのが実感です」

命にかかわるニセモノも

「ニセモノやパクリ」で他人の権利を平気で踏みにじる一方で、「商標権」では自分の権利を主張する中国で、古くから問題になっているのは、食品に対するニセモノだ。生命に関わることなので非常に切実な問題として公安当局も摘発に躍起となっているが、いたちごっこのような状態になっている。

食品偽装といえば、日本でも終戦直後に工業用アルコールを飲用アルコールと称して販売し、何人もの死者がでた歴史がある。中国でも広州で'04年に日本と同じように工業用アルコールを中国人が愛飲している白酒《バイチユウ》と称して販売し、飲んだ9人が死亡する事件が起きている。

'07年には日本のテレビニュースでも報道された〝段ボールの肉まん〟事件があった。北京市内の市場にある露店で作られて売られていた肉まんの原料がなんと段ボールというショッキングな内容だった。店の裏で古い段ボールを水酸化ナトリウム液に浸して軟らかくし、そこに40%の豚肉とネギを混ぜて〝調理〟している様子も撮られており、中国は何でもアリなのか？

と日本でもかなり大きな話題を集めたものだ。しかしこの件は中国当局がすぐに、撮影をした北京テレビ局のヤラセ報道であると発表して事態の収束を図った。今でも中国国内では、「実はアレは本当のことで、あまりにも凄い反響なので慌ててヤラセにしたのだ」ということが囁《ささや》かれているが、真偽のほどは不明だ。

このように、中国では汚染食品や偽装食品事件に事欠かないのだが、その反面、日本で生産されたりんごやみかんが一個1000円近い値段でも売れている。

「特に中国人の富裕層は、中国の食材について不信感と不安な気持ちを持っています。ですから、多少高くても害のない日本産の果物とか野菜、お米のような食材が人気を集めているわけです。しかし、このような高級品を購買できる層というのは国民の10％もいないわけで、他の層の市民は不満を持っています」

と北京市内で暮らしていた日本人主婦、高橋由美子さんは指摘する。また最近でも、北京市内で密かに販売されている食塩が工業塩であることが発覚して問題になっている。これは、工業用の亜硝酸塩を料理用食塩と偽った事件で、食塩と比較して約10分の1と安価なために中国全土の90％で流通しているとされるが、中毒性と発ガン性が指摘される危険な塩だ。

信用よりも目先の利益

中国がこれほどまでにニセモノ大国、パクリ大国になった理由はいったい何なのだろうか？　知的財産の権利に関する知識の欠如という説がかつては多かったが、前述したようにパクったネーミングを少し変えたり、自らの商標権を主張しているのだから、購買者はともかく少なくとも製造者は意識的にニセモノを製造していると推測していいだろう。商道徳、モラル感の欠如としか考えられない。

「中国は政治がいちばん上にあり、商売というのは軽視されている社会です。政治とコネクションがなければ大きな商売はうまくいきません。だからコネクションのない商売人は手っ取り早く利益を得るためにニセモノにでも走るのではないでしょうか。

人を騙しても自分が利を得られればそれでOKだと考える精神が脈々と続いているのです。言葉は悪いのですが、目先の金に固執して今がよければいいという考え方は、信用が第一と考える日本とは大きく異なるでしょう。だから責任感がなく、ニセモノやパクリや騙しに行きつくのではないですか。それに中国商人にはいろいろなタイプがありますが、よほどでなければ人を信じることはなく、現金決済が基本です」（前出・北京在住商社マン、高橋亮二さん）

日本であれば商売は信用を築いて成功すると誰もが感じているだろうが、中国では手っ取り早く金儲けできることが優先されるのだから、信用が大事という考え方はなじまないのだ。ウソをつくな、というのは他人を騙すなという意味で、これが日本の常識なのだが、中国は騙されるなという教えが常識だ。つまり日本の場合は他人に対して正直であれというのが原則だが、中国は他人からのアプローチの中にニセモノがあるから、それを見極めて騙されないようにしなければならない、という教えなのだ。これはかなり大きな感覚の差である。

第5章

中国人はなぜサービスができないのか

右肩下がりの「中国への親しみ」

中国に親しみを感じない＝77・8％。日本と中国の関係が良好だとは思わない＝88・6％。これは、内閣府が公表した『外交に関する世論調査』の’10年10月の数字だ。

日本と諸外国との関係について日本国民がどのように感じているのかを毎年調べているのだが、’80年の調査では、中国に親しみを感じている割合は78・6％という結果がでていた。30年間で日本人の中国に対するイメージが真逆になってしまったということだ。いったいどうしてこうなってしまったのか、両国の関係を鑑《かんが》みながら数字を詳しく分析してみたい。

’80年には8割近くの日本人が好印象を持っていた中国だが、この数字というのは他の国に比較してもいちばん高かった。

’72年に日本は中華人民共和国と国交を結んだものの、中国は文化大革命の影響下にあり、日本との人的、文化的、経済的な交流は少なかった。しかも、鎖国状態の中国側の取材規制があって、日本には中国の美化された情報しか入ってきていなかった。大多数の日本人は、日中戦争で迷惑をかけた国との国交が結ばれたという気持ちや、古くから文化面などで中国の影響を受けていたという気持ちが心の中にあったことは間違いない。

’72年に中国から友好の証としてパンダが上野動物園にきて、’78年には日中平和友好条約が締結された。そして同年に鄧小平が改革開放政策を表明して、中国が近代化へ向けて舵を切った。残留孤児の第一陣が中国東北部から日本にいる肉親を捜しにきたのは'81年3月だった。'80年の78・6％を最高に親しみを感じる割合は、徐々に下がっていったものの、それでも'94年までは50％以上をキープしていたのだが、'95年になって48・4％と初めて50％を切り、親しみを感じないという割合も48・4％とまったく並んでしまった。

'80年以降は中国からの留学生が日本にくるようになり、'80年代半ばからは私費留学生の数が増えだし、それに伴って不法滞在や、不法入国が日本で問題視されてきた。当時の日本はバブル経済の真っただ中で景気は良く、土地が高騰し日本企業はアメリカへの投資を進めていた時代だった。

一方、改革開放政策後、順調な成長を続けていた中国だったが、'89年に民主化を求める学生などに多数の死傷者がでる天安門事件が起こった。'95年から'03年までは親しみを感じるというのはそれでも40％台後半をキープし、親しみを感じないと拮抗していたが、'04年になって37・6％と前年から10・3％も下げてしまった。

これは、'04年に中国で行われたサッカーのＡＦＣアジアカップで中国人たちが引き起こした反日行動がすぐに日本で報道されたことが一因と考えられる。日本チームはグループリーグを重慶で戦っていたが、そこで国旗が焼かれたり、国歌の演奏中にブーイングなどの反日行動が起きて、8月7日に北京で行われた決勝戦の対中国戦でそれはピークに達した。試合は3対1で日本が勝利を収めて優勝を飾ったが、日本人サポーターが安全確保のために2時間以上もスタジアムに缶詰状態になったり、日本公使の公用車が投石されるなど、日本人に与えた中国のマイナスイメージは大きかった。

中国の主要紙『人民日報』のネット版である『人民網』日本語版'04年8月6日付には、『サッカーの試合の中で自然に現れたこうした市民感情は、明らかに中日政治関係の不仲を一側面から反映している。ここ数年来、森喜朗内閣による教科書改訂に始まり、李登輝氏による訪日の容認、小泉首相の4度にわたる靖国神社参拝に至るまで、中国人の心は、無神経な日本の政治家のために深く傷つけられてきた』と掲載されている。

これは反日行動の原因を日本の政治問題に押し付ける中国の〝得意〟な論法で、日本人がこのような主張に対して怒りの気持ちを持ったことは容易に想像できる。また、この件について中国側からの公的な謝罪がなかったことも、日本人感情からすると理解することができなかったと推測される。

また、翌'05年にはさらに数字が5・2%も下がった。理由はやはり反日運動だった。この年の4月に日中国交回復以来、最悪の反日デモが四川省を皮切りに北京・上海でも起こり、暴徒と化した群集から日本総領事館や日本名の付いた商店へ投石などが行われたことが大きな要因だった（中国人がオーナーだった日本料理店も被害を受けた）。

その後、親しみを感じるという数字は'08年になって31・8%という最悪の数字を記録してしまった。'08年は8月に北京オリンピックがあったにもかかわらず、この数字となったのは、冷凍餃子毒物混入事件の影響が大きかったろう。事件そのものでは幸いにも死者はでなかったが、第3章の「中国人はなぜ謝らないのか」でも指摘したように、中国側の誠意のない対応に日本人がかなり憤りを感じたはずだ。

尖閣諸島沖事件で急降下

さらに'10年には、親しみを感じるが20・0%、感じないが77・8%になってしまった。

この数字の原因は、9月に起きた尖閣諸島沖事件にあるだろう。この調査は'86年以降は、毎年10月に全国で行われ、12月初旬に公表されているが、調査時点の10月といえば、日中関係が〝最悪〟と言われていた時期だった。逮捕された船長を中国政府の要求に従ったようなタイミングで釈放してしまった日本政府の稚拙な外交戦略は評価のしようがないほどのものだった。しかし、釈放された後に日本に対してなされた「謝罪と補償を求める」という中国政府のコメントは余計なものであったし、レアアースの輸出規制や中国の温首相が菅首相の求める会談のテーブルになかなか着かなかったこともイメージ的にはマイナスになってしまった。中国政府には中国国内の事情があり、日本に対して弱腰の外交姿勢を取ることで国民から政府が突き上げられるという恐れがあるし、党内部からの批判を受ける恐れもある。だから中国は必要以上に主張をしているという見方もあるが、それにしても直接的な抗議の仕方は稚拙と言ってもいいだろう。

ここでは尖閣諸島の領土問題を云々することはしないが、中国が国力を増していくにつれて大国主義的な様相を見せていることに不安を感じる日本人も多いだろう。また、'10年のノーベル平和賞に劉暁波さんが選ばれたにもかかわらず、中国政府はこれを無視するどころか、関係諸国に対して授賞式に出席しないように圧力をかけ、選考委員に対して劉さんを選考しないようにと圧力をかけたことも明らかになっている。このような非民主的な動きが日本国民から嫌がられたこともあるだろう。この数字の持つ意味を慎重に解析すれば、日本人がどのような感性を持っているかがわかるので、中国政府は今後の対応に役立てられるのではないだろうか。

そこで、いったいどうして'80年から30年で4分の1まで親しみが減ってしまったのか、ていねいに振り返ってみよう。これには日本人が日本国内で中国人と身近に接するようになって感じたマナーなどを守らないマイナスイメージと、中国人不法滞在者による犯罪という2つのことが大きく影響していた。

中国人が起こした凶悪事件

'80年の調査で78・6%の親しみを感じると答えた日本人のほとんどは個人的には中国人との付き合いはなかった。鄧小平が改革開放政策を宣言したのが'78年末であるから、中国はまだ鎖国状態だった。それでも日本人は中国に対して親しみを感じていた。それ以来、中国人が訪日する機会が激増するわけだ。その中で日本人に悪印象を与えた大きな要因は、中国人による日本国内での犯罪だろう。窃盗犯はともかく、新聞の見出しを大きく飾る強盗殺人などの凶悪犯が多いことが挙げられる。前述したように、'02年の大分県で起きた中国人留学生らによる『留学生の父殺害事件』では、中国人の情のなさが問題視されたものだ。

また、'03年6月に起きた『福岡市一家4人殺害事件』も世間の注目を浴びた。これは、福岡市東区内の40代の夫婦と11歳と8歳の小学生2人の計4人が博多港で殺害遺体となって発見された事件で、逮捕されたのは3人の中国人だった。犯人は当時23歳2人と21歳1人の、福岡市内の日本語学校に籍があった就学生で、学校へもロクに行かずに窃盗などを行う不良就学生だった。この事件では犯人と被害者との間にはまったく面識がないのにもかかわらず、犯人は強引に家に押し入り、犯行に及んでいた。犯行後2人は中国へ帰国後に中国当局によって逮捕され、うち一人は'05年に死刑が執行され、もう一人は無期懲役が確定し、日本で逮捕されたもう一人は高裁で死刑判決がでている。この裁判の過程で犯人は、子供の命を助けてくれと懇願する父親の前で娘を無残に殺害した後で父親も殺害、そして被害者の体に重い鉄アレイを付けて海に沈めたことが明らかになり、残酷な犯行に非難の声が集まったものだった。

また、中国人が関連した凶悪事件といえば、'01年4月に山形県羽黒町で起きた51歳の主婦殺害事件がある。これは3人の中国人の就学生が強盗目的で住居に侵入し主婦を刺殺、その長女に軽傷を負わせたものだが、やはり犯人は被害者と面識はまったくなく、都内の日本語学校に通う目的で来日した就学生だった。結局、犯行から2ヵ月後に犯人が逮捕された。この中国人を手引きした日本人の元暴力団員も同時に逮捕されている。

このように、日本の暴力団関係者が中国人に日本人資産家の情報を流して犯罪をサポートするシステムが構築され、全国で類似した犯罪が発生することになった。

警察庁の『来日外国人犯罪の検挙状況』によれば、'09年の来日外国人犯罪の総検挙数は2万7836件で、検挙人員は1万3257人だったが、国別にすると中国人によるものが圧倒的な1位。犯罪総検挙件数は1万2572件で全体の半数近くを占め、4812人が逮捕されている。2位の韓国人1641人、3位のフィリピン人1357人を大きく引き離している。

それでも、'04年の逮捕者9259人に比べれば半減しているのだが、日本人がイメージする中国人の犯罪は、面識がなくともわずかなお金のために冷酷で残忍な犯行をするとインプットされている。手口の印象が残忍至極というのは事実だろう。

先の'09年の警察庁の『来日外国人犯罪の検挙状況』分析によれば、『来日中国人の刑法犯検挙人員を在留資格別に見ると（中略）、研修（構成比18・0％）が最も多く、次いで、日本人の配偶者（同17・3％）、留学（同14・9％）、不法滞在（同10・7％）が多い状況となっている』

としている。日本語学校などに通う就学生の検挙人数割合は'08年が8・3％、'09年が7・6％と、留学生・研修生の半分以下となっている。これは、日本語学校への法整備が進んでいることが大きく関係しているのだろう。かつては日本語学校とは名ばかりの学校も多く、不法滞在者も多くなって、犯罪の温床となっていた。しかし、法整備が進むにつれ、犯罪も激減した。つまり、検挙人員割合の多い研修生や留学生にも不法滞在をさせないような早急な法律の整備が必要だし、国際結婚事案にも早急に手を打たなければならないということを、これらの数字は物語っているのだ。

門戸拡大により懸念されていた観光客の失踪者だが、'02年に来日した3万3493人の団体観光客の中で154人が失踪し、その割合は全体の0・46％。その後は減少し、'09年が33万4632人中65人の0・02％となっている。団体観光から失踪して不法滞在をする者は非常に少ないということだ。これは失踪すると保証金10万元（約135万円）が没収されてしまうので、日本で失踪して稼いでも、それに見合う収入が得られないと計算しているからであろう。たとえ不法就労の手引きをしてくれる仲間が日本にいるとしても、不況下の日本で1～2年間で保証金を大幅に超える収入を手にすることは難しいし、中国の経済成長が著しいので中国国内でもある程度の収入が見込まれるという事情もあるかもしれない。

しかし、中国が高度成長を続けているとはいっても富める者は国民の10％以下で、ほかはまだまだ貧しい。それゆえに富める国日本に入国して一攫《いっかく》千金を狙いたいという気持ちは収まってはおらず、特に研修生の検挙構成比は18・0％と他の在留資格と比較してトップなので、その対応制度を確立することが急務となっている。

国際結婚をめぐるトラブル

研修生の中には研修という名目で日本に稼ぎにきている中国人も多い。たとえば農業研修生と称しながら、実態は農家の労働者として働くケースもある。研修生はお金を稼ぎたいし、農家は格安の労働力として中国人研修生を雇っている構図だ。それでも中国からは高収入を得られる〝黄金の国〟として日本を目指す者は多い。そのためにパスポートを偽造したりして入国するのだが、不法滞在がバレれば強制送還が待っている。そこで合法的に日本に入国して就労する方法に目が向けられているのだ。

この一番の方法は国際結婚だ。日本人と結婚して永住権を得れば親戚を日本に呼ぶことも可能になり、一族は合法的に日本で就労できる。愛がなくても戸籍上の夫婦となれば〝妻〟という権利が発生するのだ。このために日本や中国では'80年代半ば以降、結婚ブローカーたちが跋《ばっ》扈《こ》している。

この国際結婚に翻弄された日本人男性、安藤悟さん（仮名・61）から話を聞いた。安藤さんは秋田県内で農家の次男として細々と稲作をしていた。彼は日本人女性との間に離婚歴があり、子供もなく独身だったが、同い年の知人が中国人女性と結婚したことを知り、5年前に自分も再婚相手を中国に求めることにした。

「東京にある結婚仲介業者の秋田事務所の係員から説明を受けまして、事前に紹介料として100万円、そして結婚が成立すると135万円の計235万円が必要だと言われました。紹介されて結婚できなかったらどうなるの？　と聞いたら、『結婚が成立するまで紹介していきますし、安藤さんなら中国人女性もほっておきませんよ、大丈夫です』って笑われました。そして結婚しても1年以内に別れた場合には全額返還される、という契約をしたのです」

安藤さんは自宅を売却してお金を工面し、中国人妻との再婚に向けて一歩を踏み出した。

「仲介業者からコレを見せられまして『気に入った娘がいたら見合いをして結婚を仲介しま

す』と言われました」

安藤さんが手にしていたのはＡ４サイズのずっしりとしたファイル３冊で、その一枚ずつに写真館で撮影されたようなポーズを取った女性の写真と年齢などの略歴のほかに、ボディサイズや趣味などのプロフィールが載っている。ざっと２００人ほども掲載されているファイルの中から気に入った女性を５～６人仲介業者に伝えると、大連での見合いに誘われたという。

「４泊５日の予定で、同じく見合いをする友人と２人で成田から大連に飛行機で飛んで、すぐに見合いが始まりました。ファイルに掲載されていた女性で都合のつかなかった方もいたり、中国側の結婚仲介業者が勧める女性もいて、２日間かけて７人と見合いをしたんです。

なにしろお互いに言葉が通じないものですから、通訳さんを頼ったり筆談で意思を伝えたりしました」

その結果、安藤さんが選んだのは王燕さん（仮名）という39歳の女性で、写真を見せてもらうと少し垢抜けないものの素直そうな印象を受けた。

「友人も相手を決めて、20万円を支払って結納を交わし、私たちはいったん日本に帰国しました。それから１ヵ月かけて結婚証明書を作成し在留資格認定証明書も手に入れることができ、やっと彼女が日本にきたんです。そして、彼女が日本に到着すると同時に仲介業者に残金の１３５万円を振り込んですべての支払いは完了しました」

日本での生活が始まると……

「ところが、日本にきてから彼女はすぐに持病のある足が痛くなったと言い出し、夜の営みもおざなりで、そのうちに痛いからといって拒絶されました。そして朝も起きない、食事も作らないという生活を送るようになったのです。

夜になると何時間も中国に電話をかけていまして、電話代もばかになりませんでした。しかも筆談と片言の中国語でしか意思疎通ができないわけですから、お互いのフラストレーションは溜まりに溜まって大声でケンカをするようにもなりました」

結局、安藤さんと王さんは5ヵ月余りの結婚生活にピリオドを打つことになったのだが、その決断を下したのは同じく秋田県内で中国人女性と国際結婚をしていた知人のアドバイスによってだった。

「彼女の情緒が不安定なので、国際結婚をしていた知人の家に妻を連れていって向こうの中国人の奥さんに事情を聞いてもらったんです。彼らは結婚して5年ほど過ぎていて円満な夫婦生活を送り、私は以前からアドバイスをいただいていました。それで、妻の言葉を奥さんに通訳してもらったら、『自分は希望はしなかったけれど、中国側のブローカーから日本人と結婚すれば60万円を支払うからという約束で結婚を承諾したが、その約束のお金が支払われていない。約束違反だから帰りたい』ということを喋ったんですね。奥さんも彼女に対して説得をしてくれたのですが、私に対して『一片の愛情もない』と言うのです。その気持ちがわかりましたので、別れることにして彼女は中国に帰っていきました」

それで安藤さんは日本の仲介業者に対して契約金を全額返還してほしいと要望したところ、意外な反応が返ってきたという。

「『返金には応じられません。なぜなら彼女が帰国するきっかけになったのは安藤さんの暴力が原因で、殴られてできた足にある痣《あざ》も中国で診断書を取ってあります。また夜の営みも彼女はひどい扱いだったと証言しているが、それを公にしてもいいですか』と業者が返事をしてきたんです。暴力を振るった覚えもないし、彼女の足にはもともと痣がありました。それに夜がどうのこうのと言われるようなこともない。まったくの言いがかりとしか思えないような対応でした。結局業者は返金をする気は初めからなく、こちらが悪いという言い訳を作って絶対に返金しませんでした」

安藤さんが弁護士に相談したり、前述の国際結婚した知人に相談すると、県内では安藤さんと同じように中国人妻との間の結婚トラブルがあることが判明した。

取材を進めると、結婚後に中国人妻が中国での借金を夫に打ち明けて返済を求めるというケースも複数あった。それで借金を返済するために夫がサラ金に走って自己破産に追い込まれたり、妻が働いて借金を返すと大都会にでていって音信不通になる、というケースもあった。また、中国人妻に対して暴力を振るっただろうと仲介業者から因縁をつけられて、慰謝料を含めて500万円近くを取られてしまったタクシー運転手もいた。

結局安藤さんは、返金を求めて仲介業者を相手に損害賠償請求訴訟を起こしたが、別れた王さんは中国に帰国した半年後に山形県内の男性と結婚したという情報が安藤さんに入ってきた。

「日本人と結婚したい中国人女性は、愛情がなくても日本人の夫のお金が目当てだし、高給で就労機会がある日本に行きたいわけで、私のような者を踏み台にしているだけです。そこに中国と日本の悪徳仲介業者が入ってお金を巻き上げているという構図ですね。日本人の夫のほうが悪いと因縁や恐喝じみたことをして返金をしないのですから。私のような被害者が増えるのだけはなんとかしてほしいです」

中国人妻の悲惨な事件

厚生労働省の『人口動態統計』によると、'95年に国際結婚をした日本人男性のパートナーの国別の割合は、1位がフィリピンで34・6%、2位が中国の24・9%だったのが、'05年には1

位が中国の35・2％となっている。総数で見ても、夫日本人、妻中国人の夫婦は'95年の5174組から'05年に1万1644組と倍増している。

独身年齢の高齢化が問題になっている日本は特に農村地帯で嫁不足が指摘されており、その解決法として編み出されたのがこの国際結婚だった。意思の疎通が難しいと言われている国際結婚を、言葉もできないのに見合いですること自体に無理があると思うのだが、仲介ブローカーはそのような現状には見向きもせず、とにかく結婚を成立させれば儲かるからと手練手管を使って希望者を探し出す。その結果、前述の安藤さんのような愛のない悲惨な結婚が数多く生まれることになるのだ。

そこで思い出すのは、見合いの国際結婚で日本にきた中国人妻の悲惨な事件だ。'06年2月に滋賀県長浜市で起きた事件では、2人の幼稚園児を刃物で殺害した中国籍の妻の犯行とその背景にある国際結婚問題が日本中の話題となった。34歳の中国籍の妻は近所の4家族と交代で毎朝子供を車で幼稚園に送っていたのだが、乗せていた2人の園児を刃物で殺害したのである。

琵琶湖の北側の田んぼが多く点在する寒風が吹く農道で殺害が行われた。犯人の女性は中国・黒龍江省の農村出身で、捜査本部によると仲介業者を通じて手紙と写真を交換したうえで、日本人の夫（47・事件当時）と中国で結婚式を挙げ、'99年8月に配偶者の資格で入国した。犯行現場から5分ほどの新興住宅地にある自宅は一戸建ての瀟洒《しょうしゃ》な建物だ。しかし、被告の日本語はおぼつかなくて、近所との付き合いもそれほどなかったという。被告とは数年来の付き合いという友人には「日本人男性5～6人と中国で集団見合いをして夫と知り合った」と告げていたというのだが、なんともやり切れなくなる事件だ。異国の地で国際結婚をして相談相手がいない中で子育てをするということが、どれほど大変なものなのかは容易に想像がつく。だからといって殺害が許されるものでないことは言うまでもないが、結婚相手を安易に外国人に求める風潮があることも一因ではないだろうか。日本人同士でも離婚が当たり前の時代に、より難しい国際見合い結婚はうまくいくほうが珍しいと思ったほうがいいだろう。特に偽装結婚の多い中国人との結婚に対しては、結婚仲介ブローカーに保証金を積ませて許可制としなければ、表面上は〝合法的〟な偽装中国人妻が増え続けていく恐れがある。

今の日本の法律では日本で3年夫婦生活を送れば、日本に帰化することが可能で、中国人が日本国籍を持てる。そして中国に住む親族を日本に呼び寄せることも比較的簡単で、その親族が日本人と結婚すればまた日本国籍の取得が可能になる。はたしてこのままの法制度でいいのか？　考慮しなければいけない時期だろう。

なぜ愛想が悪いのか

また、日本人が中国人に親しみを感じない大きな理由のひとつに、中国人の愛想が悪いということがある。なぜ中国人アルバイトには愛想が悪い人が多いのだろう。

「すみません、コーヒーをいただけますか?」

「………」

都内・世田谷区内にあるコンビニエンスストアのレジでコーヒーを注文しようとしているのに、若い女性店員はぺちゃくちゃと中国語でお喋りに夢中だ。

「すみませんが」

「なんですか?」

やっと気がついた店員に、

『なんですかはないだろう。客なんだから』

と腹の中で毒づきながらコーヒーを注文するものの、お喋りの最中にじゃまをしたのが悪かったのか店員の愛想が悪い。

「コーヒーいただけますか」

「………」

『おいおい、はじめにお待たせしてすみませんでしょう』と腹の中では思いながら注文をしたのだが、つり銭を投げるようにしてよこす。そして店をでるときに背中越しに、

「ありがと、ございました～」

と心のこもっていない言葉をかけられても嬉しくはないし、気分がいいものではない。

コンビニの店員に中国人が増えて、このような思いをしている日本人もいることだろう。

渋谷区内の某大型チェーンの居酒屋では、頼んでもいないビールの大ジョッキを運んできた中国人のアルバイト女性店員に、「これは頼んではいませんよ。頼んでいるのは酎ハイですから」とゆっくりと説明するのだが、店員はまったく理解していない様子で、「頼んだでしょ」の一点張り。「ほら、ココを見て、頼んでいないでしょ。どこかと間違っているんじゃないの？」とテーブルの上にあった伝票を見せて確認させるのだが、「じゃあ、どこ。コレ？」。『そんなの知らないって』と心の中では思いながらひたすら酎ハイを待つのだが、なかなか持ってこない。このような居酒屋に出くわした経験のある方も多いことだろう。留学生や就学生のアルバイトだから日本語もそれほど堪能でないからしょうがない、とは思うのだが、やはり韓国人やタイ人より中国人の愛想が悪いと思えてしまう。なぜなのか。

中国人のサービスが悪いのは社会主義のせい？

歴史を振り返ると、中国に限らず社会主義国家においてサービス業に従事している者の愛想は非常に悪かった。'70年代後半に私が暮らしていたハンガリーは当時社会主義国だった。その首都のブダペシュト市内のレストランでは注文を取りにくるはずの若い女性店員は、店の奥で同僚とお喋りばかりしてなかなかこない。やっときたと思ったら、

「何？　ああ、わかった」

とまったく愛想のない態度だ。やっと運ばれてきた料理もただテーブルの上に置いていくだけで素っ気もない。どこに行ってもこのようなレストランが当たり前だったし、衣料店などの商店の応対もこのようなものだった。それはこれらの商店の経営が国家の関連企業だったからだ。店員は売り上げが上がろうと下がろうと関係ないし、店側も同じような感覚で経営をしていた。これでは愛想を良くする必要がまったくないどころか、客がくるのは実は迷惑だということになる。ところが、

「いらっしゃいませ、何になさいますか？」

と微笑みながら愛想良く注文を取りにくるレストランもあった。テーブルに運んできた料理を客の前に出して、

った。

「召し上がってください」

と微笑みながらサービスをするのは、『マセック』と呼ばれていた個人経営のレストランだった。

『マセック』という言葉はハンガリー語で個人経営を意味しており、'70年代後半からハンガリー政府は経済を活性化させるために農業や商業の一部に個人経営を許可する方針を打ち出して、それはすぐに全国的に拡がっていった。農産物を販売する市場にはそれまで見たこともないようなみずみずしいパプリカや新鮮なキュウリなどの野菜・果物類が並んだし、衣料品店には西側のファッション雑誌から模倣したようなデザインの服が並ぶようになり、〝東欧でいちばん進んだ国〟とハンガリーは評されることになった。

そしてレストランもおしゃれなインテリアで味もいいし、サービスも良くなり厨房から店主が挨拶にきてワインを注いでくれることもあった。となれば人気を呼ぶのは洋の東西を問わない。ブダペシュトの新聞記者のコバーチ・ヤーノッシュさんは、当時のことを振り返る。

「結局、マセックの経営者は自分の力、工夫次第でお客さんを呼ぶことができるというのがわかったのが大きいと思うんです。国営の場合はただ与えられた仕事をすればいい、というものだったでしょ。そうすると努力も工夫もしないんです。マセックだと自分の工夫と努力で収入が変わるのがすぐにわかるわけですから、コレは大きい。サービス業の店員が最悪だったのは社会主義国家の壁だったと思います」

ハンガリーだけでなくチェコでもポーランドでも、その他社会主義国のレストランなどの店員は同じように愛想が悪かった。それと同じように中国国内でも愛想が悪いと感じた。中国人留学生、李暁南さんはこう言う。

「愛想が悪いのは中国でも問題になっています。社会主義で鎖国状態のときにはサービスというものを理解していなかったので、コレが普通だと店員も客も思っていたのです。外国資本のお店が入ってきて変わってきましたが、日本のようなサービスはまだまだです」

プライドが接客のじゃまをする

都内板橋区のコンビニでアルバイトをしていた大学生の中沢亮一クンは、

「コンビニによってもかなり違うと思いますが、店長がしっかりとしている店はアルバイトの中国人や韓国人に対して働く前にキチンと説明をして教育します。教えてもできないアルバイトもいますけれど、批判を受けるような態度のアルバイトがいるお店というのは、まず店側が教育をしていない、と思って間違いありません。アルバイトが入ってくるのは先輩の紹介とかが多いのですが、先輩たちがお店に対して舐めきった態度を取っていれば、入ってきたアルバイトも同じような態度になります。オーナーとしては、できるだけ安く店員を雇いたいという気持ちが大きいと思うんです。ウチの場合は日本人アルバイトと中国・韓国人を組ませて、細かい面倒な仕事は日本人アルバイトがするようになっています。時給に比べて仕事がきついと思われているのか日本人の応募が少ないので、そこに中国人たちが入り込んでくるという構図になっているようです」

結局、愛想が良いのも悪いのも中国人アルバイトを雇う側が親身になって教育するのかどうかにかかっているのかもしれない。

'09年まで都内の居酒屋でアルバイトをしていて現在はサラリーマンの北村晴彦クンは、

「居酒屋のアルバイトで中国人が愛想が悪いといっても、中国人アルバイトを雇うのは、経営者側が賃金を抑えたいというのと、日本人がアルバイトに応募しないからという2つが重なっていると思います。やはり賃金が高くなければ志の高い者は集まりません。それと売り上げに対する歩合で賃金を高くしてやるようなシステムを作れば店員のやる気が変わってくると思うのですが、残念ながらそのようなシステムにはなっていません。要は賃金を安くして客に対するサービスを低下させてもいいと思うのか、賃金は少し高くしてもサービスを充実させるのかという選択だと思いますが、ほとんどのお店は前者ですよね」

と辛辣《しんらつ》な意見を吐露する。

'05年から中国各地に支店を出している割烹料理店「銀平」は和歌山市に本店があるが、大阪市内の支店「銀平心斎橋店」の女将、田中順子さんは、'09年に上海店をオープンしたとき、開店準備のために上海店に1ヵ月間滞在して店員の教育にあたってきた。

「日本でも中国人女子学生のアルバイトを使ってきた経験がありますが、10年以上前は非常に優秀な留学生のアルバイトがおりました。日本語も上手で、笑顔も自然で来店したお客さんの立場に立って接客ができるんです。お客さんの顔も名前も記憶しており、名前を呼ぶことによって、お客さんのほうも親近感を抱いてくれるわけです。『彼女をウチの会社で使いたいのだが』とひいきにしてくださる大手の社長さんなどもいたほどです。結局日本有数の商社へ就職をして活躍しているのですが、皆が皆、彼女のような接客ができるわけではありません。中国の方はまずプライドが高いですから、接客業というのはどのようなものなのか？　ということから教えていきます。雇ったほとんどの者が商売の経験がないし、中国ではサービス業というのはないのも同然で、無愛想だということは承知していますので、なぜ接客が大事なのかを教えるんです。お辞儀をするにしても、料理をお出しするときにも、お客様の気持ちになって、相手の気持ちを考えて、ということをしっかりと教えます。形だけ頭を下げてお辞儀をしても敏感にお客様に伝わることですから、『本当に来店していただいてありがたい』という気持ちを持てるように教えます。

料理をお出しするにしても、食事の進み具合を見極める必要がありますし、お出しした料理のご説明もしなければなりません。お客様に味を楽しんでいただく気持ちが大事だと思うんです。お店にきていただいてありがたい、お客様にぜひとも楽しんで食事をしていただきたいという『おもてなし』の気持ちを持っていなければ、接客として合格点はあげられません」

昨今は日本人でも及第点をあげられない状態だからなかなか難しいことではあろう。しかし田中さんの指導が功を奏し、上海店は常時予約でいっぱいの人気店となっている。このように中国に進出して成功している例をもうひとつ紹介しよう。

なぜサービスが必要なのかを教えればできる

滋賀県内を中心に、東海地方などで127店舗のスーパーマーケットをチェーン展開している平和堂は、'98年に中国湖南省に中国1号店を開設した。その後'07年、'09年と同じ湖南省に3号店までオープンし、「高級百貨店」として好調な業績を誇っている。その成功の理由を夏原《なつはら》平和《ひらかず》社長が解説してくれた。

「上海とか北京とかじゃなくて湖南省という内陸部に出店したのは、'83年に滋賀県と湖南省が姉妹都市の関係を結んだことがきっかけです。'94年に湖南省政府から出店依頼がありまして、それで出店することになりました。当初の投資予算は50億円。中国との合弁となるので先方が10億円、こちらが40億円で、長沙市の中心部に地下3階、地上7階までが商業施設、その上の22階までがオフィスのビルを建てました。

'07年に2号店、'09年には3号店を湖南省内にオープンしましたが、'09年の営業収益は前年比約6・4%増、経常利益も前年比約9%増と順調に右肩上がりを続けています」

――失敗するという危機感はなかったのですか？

「いいえ、ありました。中国で尽力してビジネスが軌道に乗ったとたんに中国側から『おまえたちに用はないから、帰れ』と追い出された話とかを聞いていましたから」

――成功のポイントはどこにありましたか？

「一番はお客様を大切にという『お客様第一主義』です。お客様に喜んでいただくというのがウチの創業の原点で、その理念は日本であろうが中国であろうが、変わることはありません。中国でも、その理念を理解してもらうための社員教育を日本と同じように行っています。ただ、日本でしていることをそのまま中国に持ち込んでも、プライドの高さがじゃまをしてうまくいきません。『いらっしゃいませ』『ありがとうございます』という言葉を本当に心から言えるようになるためには、論理的な説明が必要なのです。たとえば、夏は暑い中、冬は寒い中、雨の日は濡れながら、お客様はわざわざお店にきて、買い物をしてくださる。だからそれに感謝して『いらっしゃいませ』と頭を下げましょう。そしてお客様が使ってくださったお金が我々の給料になっているのだから『ありがとうございます』と頭を下げて感謝しましょう、という具合です」

――具体的にはどのように動いたのですか？

「湖南省で事業を始めるにあたっては、中国の日本語学校で学ぶ30名を採用して約8ヵ月、次いで50名を採用して約3ヵ月、それぞれ日本で研修を行いました。これが湖南省の店を成功させる原動力になったと思います。百聞は一見に如《し》かずなんですね。実際に日本人社員の仕事を日本で見て、いっしょに仕事をすることで、『いらっしゃいませ』という言葉の本当の意味を理解することができたのです。こうして学んだ中国人社員が今度は中心になって新しく採用した若い人たちを教育する。自分が体験したことですから、きっちりと教えることができます」

――中国人は面子を重んじると言われていますが、対応法は？

「湖南省の政府関係者に挨拶に行くときにお土産を持参すると、先方もお土産をくれる。最初のころは『ありがたいな』と思っていたのですが、実はウチと合弁をしている会社がお土産を買って面会する政府関係者に事前に渡していたのです。つまり自分の会社で買ったものをもらって帰ってくるわけです。中国人同士のやりとりですから、私たち日本人はまったく気がつかなかった。中国ではお土産をもらったら、お返しのお土産を出さないというわけにはいかないのです。でも政府関係者ですとそんな予算はないので、お土産が用意できない。こちらと会ってもいいと思っていても、お土産がないと面子が立たないので、会ってもらえないという不都合が起きるわけです。そこでこちらが先回りをして、先方の面子が立つようにお土産を渡しておく。こういうやりとりは、いいとか悪いとかではなくて、彼らの価値観や慣習であり、中国のビジネスにおいてものごとをスムーズに進めるための根回しは重要なのです」

——プライドが高い中国人をうまく働かせるコツはありますか？

「ウチが中国市場に参入したころと比べたら、今はビジネスのルールが確立してきているので、状況はずいぶんと変わっていると思います。といっても中国人との上手な付き合い方というのは日本でも同じですが、相手の人柄を見極めるしかないんです。また、社会の慣習や歴史を調べて日本との違いを知っておく必要があります。彼らはプライドが高いぶん、逆に個人の責任を明確にすることで、責任を果たしてくれるということがあります。言い換えれば、日本のようにグループで仕事をさせると、とたんに責任感がなくなってしまうんですね。たとえば、レジの仕事をやらせる場合は、打ち間違いがないか、個人単位でチェックをすると、きちっとやるのですが、日本のように3人ぐらいが交代で打つと打ち間違いが多くなり、レジを締めるときに金額が合わなくなることがしばしば起きます。誰に責任があるのかわからない状態では、とたんにいいかげんになってしまうんです。間違っていると指摘してもプライドが高いので、『自分は間違っていない。間違ったのは違う人だ』と主張します。中国人は個人主義だから、個人の責任を問うような仕事のシステムにあえてすることが重要なポイントなのです。中国で人を動かすには、こうした相手のプライドをくすぐりながら、よかったら褒めてダメなら叱責する。そして達成したら必ず報酬を与える。信賞必罰を徹底することが肝心です」

中国人顧客の心を掴む方法

——中国でお店の信用を得るためにはどのような手段がありますか？

「湖南平和堂は高級品を扱っていまして、やはり『ブランド品を買うならこの店』というイメージをお客様は持っています。近くにほかの百貨店もありますが、そうしたお店と商品のラインアップを比べると、ウチには新しい商品が必ずありますし、商品の種類も豊富です。売れるからメーカーも優先的に商品を回してくれるし、それでまた売れる。そしてお客様にも満足していただける。それから社員の挨拶やマナーといった、目に見える接客サービス、お客様の質問に的確に答える商品説明などが、信頼に繋がっている。高い商品を売っているのですから、偽物は絶対に扱わない、お客様を絶対に騙さない。その信用をどう売るかが大きなポイントだと思うのです」

夏原社長の中国で成功する法をまとめるなら、
1 『お客様第一主義』を徹底して、まずは安心と信用を売れ
2 プライドが高く面子を重んじる中国人の国民性を理解せよ
3 仕事の責任の所在を明確にし、信賞必罰で臨め
だろうか。中国人を使うことはそれほど簡単なことではないのだ。

歩合制なら大丈夫か

実は、歩合制で給料が支払われている中国レストランがある。千代田区内で中国レストランの店長を務めている劉堧さん（40）がそのケースだ。彼は'00年に就学生として天津から来日し、日本語学校を経て都内の大学・大学院で経営学を学び、中国人が経営する商社へ就職した。その子会社が経営している、スタッフが5人で客席が60席余りの大箱店の中華レストランに2年前から店長として派遣されたのだが、給料は歩合制というのだ。

「本社から飲食部門にある中華レストランの店長を任されました。店の家賃や水道・光熱費は本社持ちで、基本的には月々30万円を本社に上納して、それ以上の儲けは我々スタッフの儲けになる成果主義という契約になっています」

——このシステムはどうですか？

「日本は不況ですので月々のノルマは苦しいというのは事実です。しかし工夫をすることで売り上げが上がりますので、スタッフも自分たちの給料を上げようとして必死になっています」

——たとえばどんな工夫をしていますか？

「店頭にノボリをあげましたし、写真入りのメニューも作り、道でチラシを配ったり支払い料金に応じてスタンプ制度を取り入れてお客さんにアピールしています」

——そのほかには？

「リピーターを非常に大切にしています。とにかくお客さんが楽しんで食事をして、またきたくなるような雰囲気を作り出すことが大事だと思いまして、スタッフにもそのことを口酸っぱく言っています。笑顔は絶対に必要です。昼はソフトドリンク、夜はアルコール類の飲み放題というのもやっていまして好評で、昼はお弁当も販売しています。スタッフも自分の給料が上がるとなれば必死で働きますし、いろいろなアイディアを出してくれます」

——中国ではなぜサービス業に愛想がないのでしょうか？

「やはり、長い間サービスということを考えないでもいい国柄だったからでしょう。ボクも中国に帰るたびに中国は本当に愛想がないと思いますね。初めて日本にきたときに、日本のサービス業は痒いところに手が届くというか、すばらしいと思いました。お店でも親切だし、ていねいだし礼儀正しいじゃあないですか。今は日本もマイナス方向に少し変わってきていると思いますけれど、そのようなことはぜひとも見習う必要があると思います。中国はまだまだですが、でもだいぶ成果主義を取り入れるところも増えました。大変ですが、中国人にはそれが向いていると思います」

サービス業のアルバイトにおいては日本人と中国人との間にそれほど大きな賃金の差がないにもかかわらず、中国人の愛想の悪さが指摘されているのは事実だ。やはりそこには、中国人が持つプライドがかなり影響している。劉さんが言う。

「ボクの場合は商売において無駄なプライドというのはありません。確かに中国では大学・大学院をでた者はホワイトカラーになるというのが一般的でプライドが非常に高いですが、日本は大卒だろうと大学院修了だろうとまったく関係ないでしょ。その点は、日本のほうが自然だと思います。しかし、いろいろな勉強をしていることはけっして悪いことではなく、サービス業でも儲けるには工夫する頭が必要なのですから、知識は役に立つでしょう。これは他の業種でも同じことだと思います」

日本に留学中は、朝3時に起床して新聞配達のアルバイトをして学費や生活費を捻出したという劉さんは、飲食業でも頑張るんだ、と目を輝かせている。

第6章

中国人観光客はなぜ日本に来るのか

資生堂はなぜ成功したのか

さて、中国人観光客に対して受け入れる日本側の態勢はどのようになっているのだろうか？まずショッピングでの応対を取材してみた。中国人観光客が日本で買いたがるのは、電化製品、化粧品、薬などだ。なかでも化粧品は、イコール資生堂というほど中国人にとって親しまれている。これはなぜなのか？　そこには資生堂の中国に対するみごとな戦略が浮かんでくる。

資生堂の中国進出は、'81年に北京のホテルなどで販売する化粧品の輸出を始めたことが最初だった。'91年に北京市との合弁会社「資生堂麗源化粧品有限公司」を設立し、'93年には北京工場を竣工。'94年に中国国内の高級デパートにおいて中国専用ブランド「オプレ」を発売して事業基盤を強化し、これによって資生堂は中国における高級化粧品ブランドとしての確固たる地位を築いた。そして契約店舗のネットワークを広げて中国最西端の新疆ウイグル自治区カシュガルから最南端の海南省まで、'10年には5000店以上との契約を結んでいる。

中国の工場で生産している製品のほかに、日本から輸出する超高級化粧品もグローバルブランド「SHISEIDO」として残してある。つまり客のニーズに即したチャンネル別のブランド戦略を駆使しているということだ。

そして資生堂は日本と同様の顧客接客対応を中国に持ち込み、カウンセリングの充実を図ることに重点を置いている。これは日本でも行っているおもてなしの心による客への応対を中国でも実践しているということだ。具体的には資生堂のインストラクターが各店へ毎週巡回するとともに、地区単位の集合研修を3ヵ月に1回開催するなど、店づくり、売り場づくりから顧客管理に至るまで、資生堂の価値をトータルで伝えるための取り組みを徹底している。その教育のために'08年には上海に「資生堂中国研修センター」を新設し、美容・営業・スタッフへの研修を実施している。このように中国人女性に親しまれている資生堂であるから、総本山である日本の、まして銀座の資生堂でのショッピングはブランド心をくすぐる効果があるだろう。

資生堂は'09年に銀座8丁目に『THE GINZA』をリニューアルオープンした。銀座中央通り沿いにある店舗は100坪程度とさほど広くはないが赤と黒のおしゃれなデザインで、中国人のスタッフも常駐している。資生堂に入社して4年目だという中国人女性スタッフは名札を見なければ日本人と思うほどの流暢な日本語を使い、笑顔を絶やさず中国人観光客に人気商品を説明していた。第1章でも述べたように中国人にはスキンケア商品が人気があり、『ザ・ギンザコスメティックス』はフェースクリームなのだが40gで10万円もする。

「この前はこれを一人で6個購入された中国のお客様がいらっしゃいました」

と彼女が商品を指し示してくれた。このほかにも同じくフェースクリームの『クレームシネルジック』も人気で、これは40gで12万円という目が飛びでるような値段なのだが、やはり中国人観光客が購入していくという。店内に吸い込まれていく中国人観光客の姿を見ていると、資生堂の〝一人勝ち〟といった表現がピッタリくる。古くから中国とのパイプを持つ資生堂の戦略には脱帽するが、中国人相手のショッピングで中国マネーを手に入れようとする日本側の動きも活発になっている。

特に大型家電量販店では、富裕層向けに商品展示を行っている。たとえば秋葉原のヨドバシカメラでは、中国人観光客向けの商品をひとつのコーナーに置いている。炊飯器やビデオカメラの売り場のすぐ横にはブランド品のバッグ、そして高級時計のコーナーを作り、購買意欲が高まるように工夫している。

また、デパート業界でも東京・日本橋高島屋は近所の高級ホテルと提携して買い物時に通訳をつけて品物をホテルの部屋まで届ける無料サービスを'10年6月から始めたし、銀座地区のデパートは皆中国語の堪能な係員を配置するようになった。

そして中国人観光客の多くが使用する「銀聯《ぎんれん》カード」が使用できる店舗が急速に増えてきている。中国人旅行者は中国国内からの元の持ち出しに制限があるが、銀聯カードであれば中国国内での決済となるために、ほとんどの旅行者が利用する〝必須アイテム〟になっている。提携する三井住友カード、JCBカードなどを合計すると、加盟店は'11年6月現在で約4万5000店舗に達しているという。

本当に中国人は不動産を買い漁っているのか

日本のメディアは中国人相手の不動産業者も熱い視線を送っていると報じている。'08年から中国国内のCCTVや中国語のホームページで日本の物件を紹介して不動産を仲介しているデベロップジャパンの中国事業担当者によると、

「中国からの問い合わせが多いですから、確かに中国マネーが日本の不動産に興味を示しているのかなとは思います。当社でも赤坂のタワーマンションとか麻布台や乃木坂の2億～5億円の物件を仲介したことはありますし、都内の60㎡クラスのマンションを手がけたこともあります。中国国内で日本の不動産を紹介する展示会も開いています。

しかしメディアが喧伝《けんでん》するように中国人が日本の不動産を買い漁っている、というようなことは感じられません。現在中国人富裕層が注目している不動産投資は、中国国内南部にある海南島で、上海や北京から海南島の不動産を見に行く旅行プランがたくさんあります。それを差し置いて日本の不動産に興味を持たせるというのは難しい。しかももともと中国本土の方が日本の不動産を購入するには、送金規制とか所有権の問題もあってハードルが高いんです。ですから名義上で購入した方は在日華僑の方とか、永住権を持っている在日中国人経営者のような方です。マレーシアやオーストラリアでは、外国人が不動産を購入すれば長期のビザが取得で

きる優遇措置があります。このようなことを日本が見習えば、中国から爆発的な投資がくるかもしれませんが、すぐにそうなることはないでしょう」

と慎重な言い回しだ。この言葉を裏付けるように都心の大手不動産会社の営業マンは、

「不動産を欲しがっている中国人の方はいますが、それは子供が東京に留学するので、マンションを購入したい、というのや、東京の事務所用のマンション物件を探しているという程度のものでして、それもぽつり、ぽつりというような需要です」

一方、中国マネーに喜んでいる業者もいる。北海道小樽市に近い岩内《いわない》町で温泉付き分譲地を売り出した『アリスの里』だ。ここは一区画約100坪の土地を180区画販売している。坪単価は約4万円というから一区画は400万円ほどの計算だ。土地の購入費用のほかに、温泉使用分担金が年間25万円、維持費が月に1万3000円かかるという。担当者は言う。

「この不況下でなかなか売れないので頭を抱えていたんですよ。'10年初めに中国人観光客が小樽に大勢きていることを知って、中国人は温泉が好きだと聞きますし、中国マネーは凄いと言われていますので、これだとピンときまして、小樽の不動産業者に相談し中国人に物件をアピールしていただきました。もう15回は分譲地で中国人客相手に説明会を開きました。一回に5～6人が相手の説明会ですが、皆さん熱心に耳を傾けてくださいます。おかげさまで6区画が売れましたが、尖閣諸島沖問題が起きたのと震災のために今年は売れていません。所有者は中

国本土の方ではなく、知人の華僑や、香港の方になっていると聞いていますが、詳しいことはわかりません」

昨今メディアでは、中国マネーが日本の不動産を買い漁るという報道がされているが、どうやらそれはフレームアップされているようだ。しかし、ショッピングでも不動産販売でも日本側は中国マネーを獲得すべく知恵を絞っている。

中国人旅行者で稼ぐ方法

たとえばゴールデンルートでもそれは見られる。ゴールデンルートでは富士山の5合目まで観光バスで上がって見物をし、近所の温泉ホテルで宿泊する日程になっているが、この場合の宿泊地には富士山の近くの箱根温泉がある神奈川県側と石和《いさわ》温泉などがある山梨県側が利用されている。箱根は宿泊料金が山梨県側に比較して高いので、中国人団体旅行者は山梨県側の宿泊地を利用することが多い。そのあたりのことを石和温泉旅館協同組合の山下安広理事長は、

「おかげさまで中国人観光客の皆様に利用していただき、感謝をしております。がもともと、中国の旅行社の言うゴールデンルートというのは東名高速のほうを指していたんです。それで、中央高速道のほうでも利用してもらいたいと山梨県は知事を先頭に中国でトップセールス

をしたり中国の旅行エージェントに働きかけまして、その結果'10年には6万人の中国人のお客様を迎えることができたので、不況の折、非常に助かっています。

ウチには約40軒の旅館があり、部屋数の関係上そのうちの10軒が中国人観光客を受け入れています。日本の温泉宿ということで夕食は懐石風の料理を提供して喜ばれておりますが、マナーの点ではいくつか気になることがあるのは事実です。特にお風呂は湯船に石鹸を入れて体を洗ったり、バスタオルを巻いて入浴するお客様もおりますので、気を使います。

このうちの7軒には中国人の研修生がいるので、中国語の案内表を作成したり中国人のお客様への応対を担当してもらっていまして、今後も中国人観光客の受け入れには万全の配慮をしていくつもりです」

——そうすると、中国人の旅行者が増えていく現状では石和温泉は安泰ということですね。

「今はゴールデンルートに人気が集まっていますけれど、中国人観光客のゴールデンルートに対するニーズがいつまで続くのかはわかりません。ゴールデンルート以外にも、東京都内で観光と宿泊をして日帰りで富士山観光と温泉を利用するルートもありますので、そうなると石和温泉にはお客様がこないことになります。ですからウチに寄ると他の温泉地とは異なるアドバンテージ、たとえば泉質が良いとか懐石料理の質が良いというようなことをアピールしていき、なんとか中国のエージェントにプロモートしていかなければなりませんので大変です」

――中国人相手のホテル商売は『安かろう、不味かろう』という評判もありますが？

「ウチの組合ではそのようなことはしていません。それはケースバイケースでしょう」

――料金はいくらで交渉しているのですか？

「これは組合ではなく宿ごとに向こうのエージェントと交渉することですのでマル秘事項なのですが、1泊2食で1万5000円、1万2000円、8000円というのが最低ランクではないでしょうか？」

――8000円というのは非常に高い数字ではありませんか？

「しかし最低そのぐらいは頂かないと成り立ちませんし、中国人の団体さんが全部8000円というわけではなくて、1万5000円の団体さんもあります。要は中国国内でどんな旅行プランがエージェントによって組み立てられて人気を呼んで売れるのか？　ということが大事ですので、私どもも魅力的な旅行プランを売り込む必要があるわけです」

中国人で稼がざるをえない温泉

温泉旅館組合の理事長という立場での発言だけに、かなり慎重な言い回しである。それでは中国人団体旅行者を受け入れている富士山エリアの他の温泉旅館はどうなのか？　匿名を条件に実情を語ってくれた。

「中国人観光客を受け入れるのは大変でしょう、という声はよく聞きますが、他の外国人観光客よりも多少騒音は大きいですけれど、初めての海外旅行ですから理解してあげないとかわいそうだと思います。中国人のお客様はお風呂の入り方もわからなくて、バスタオルを巻いて入ったりすることもありましたし、スリッパで畳の上を歩いたりすることもありますが、それは中国語での説明文がキチンと常備されていないからですし、それほど大きなトラブルだとは考えていません」

ずいぶんと〝優等生〟的な発言だが、それなら悩みはないのだろうか？

「いや〜、そんなことはないですよ。今でも備品を持っていかれるのは悩みの種です。スリッパやバスタオルや浴衣はなくなってしまう物の定番でして、食事のときの箸置きや、お部屋に置いてある置物も持っていかれます。それはしょうがないことですが、それよりもほかの日本人のお客様から中国人観光客に対しての文句を言われるのがいちばんつらいですね。『中国人観光客が泊まるならこない』と言われる日本人のお客様もいますから。要はマナーを守っていただくように、旅館側が中国語での説明書を痒いところに手が届くように作成していかなければならないでしょう。しかし、この不況下でも中国人の観光客がきてくださるのはありがたいと思っています」

不況下の日本での中国人観光客は観光地のホテル業界では〝福の神〟のように思われている。しかし、そんなキレイごとではないと言うのは、さる有名観光地の旅館の営業部長だ。

「観光地のホテル経営は不況下で非常に厳しく、たとえば日本人団体旅行の場合は日本の大手旅行社の1泊2食の最低料金は6000円で、そこから旅行社へ15%が広告代・プロモーション代として引かれます。

つまり、ホテル側は1泊2日で一人の観光客から5100円しか取れないということになるわけです。これは採算ラインギリギリとか採算割れの数字ですが、大手の旅行社さんは広告費をたくさん使って団体旅行客を集めることが可能ですし、継続的にお客さんを見込めるので、ホテル側としては重宝しているのです。ホテルの経営でいちばんありがたいのは、継続的に部屋が塞がってくれることです。空き部屋がないようになるのがいちばん助かります。

日本の大手旅行社は利益がでないからと中国人相手の商売には手を出しません。中国人団体観光客は、中国人が経営する中小の旅行社が担当していますが、結婚式やパーティなど宴会場での収益を期待するホテルだと、中国人観光客のマナーが他の日本人客に理解を得られない面があるのかもしれません。『あそこのホテルは中国人団体旅行者が多くてうるさいからパーティは別なホテルにしよう』というようなことを言われるのは非常に困るわけです。しかし宿泊だけのホテルであれば中国人観光客専門と割り切れば、経営はしていけると思います。中国人団体観光客の場合には原則現金決済なので、ホテル側としては助かっている面もあります」

さらに箱根の観光ホテルの営業部長はこう言う。

「ウチの場合は客単価が高いので、中国人観光客でもランクの高い方々が利用されているようですが、中国のお客さんはレストランで大きな声で『乾杯』をするんですよ。それが1分ごとに何度も続いていくんですね。会話の声も大きいので他の日本人のお客さんに申し訳ないように思います。また、フロントにやってきて『富士山が見えない』とクレームをつけてきた中国人のお客さんもいました。あいにく外は曇り空で見えないのはしょうがないので、晴れているときにホテルから見えている富士山の絵葉書をサービスで差し上げようとしたら『富士山を眺められるからココに宿泊したんだ』と声を荒らげるんです。それが1時間も続いたのですから、もうウンザリしました」

都内のシティホテルの実態

都内のシティホテルにも変化が見られるようになってきている。東京、西新宿の京王プラザホテルの斉藤潤子広報担当は、

「京王プラザホテルには1436室ありますが、外国人旅行者のうち60%ほどが欧米からのお

客様です。中国人旅行者は香港と台湾のお客様がほとんどで、大陸からのお客様は少ないというのが現状です。正直言いまして、大陸からの中国人旅行者を受け入れる態勢にはなっていませんでした。ただ、今後は中国からのお客様が増えることを予想しまして、'09年6月からはインターネットのホームページに中国語を付け加えるようにいたしました。さらに'10年3月には中国語のパンフレットも作成し、6月からはレストランのメニューにも日・英・ハングルに加えて中国語も併記しております。

また、部屋のお客様への説明表記に中国語も使うことにしましたし、スタッフも中国語を勉強するなど、徐々にですが受け入れ態勢を整えている最中です」

'00年に中国人団体観光旅行を解禁して以降、中国人と接する機会が多いホテル業界でさえ、まだまだ中国人観光客に対してどのように接していけばいいのか試行錯誤の状態である。しかし、徐々にではあるが日本側も中国人観光客の受け入れに対応しだしている。この先頭に立っているのが地方自治体だ。疲弊した地方経済の活性化を中国マネーに求めようとしている。このため、観光に力を入れている山梨県や静岡県などの自治体では積極的に中国人観光客を受け入れるために上海に出張所を設け、中国のコンサルタント会社と契約して中国市場にアピールしているのだ。今後はこの傾向が強くなることだろう。

この大きなきっかけになったのが'08年12月に中国で公開され、大人気を呼んだ映画『狙った恋の落とし方』(邦題)だった。北海道内で撮影されたこの映画は自然のすばらしさもあって中国人の心を摑み、ロケ地のひとつの阿寒湖には大勢の中国人観光客が押し寄せている。映画は'10年2月からは日本でも公開されたが、その記念パーティには高橋はるみ北海道知事も出席し、中国人観光客誘致を力説した。これはメディアでも大きく取り上げられ、日本の他の地方自治体が中国人観光客誘致に目を向けるきっかけにもなったのである。

ここで、北海道の観光戦略を詳細に見てみよう。まずは北海道を訪れる外国人客だが、北海道経済部観光局の調査によると、'97年に来道した外国人は合計11万8600人で、中国からはわずかに2200人を数えるだけだった。その後、北海道を訪れる外国人は右肩上がりで増加していき、'05年には50万人を突破し、'07年には70万人を超えている。そのうち中国人は'07年に約2・7万人、'08年に約4・7万人、そして翌'09年には倍近い約9・3万人が来道している。

道庁観光局国際観光グループでは、

「中国人観光客がかなりの勢いで増えているのは'08年末に中国で公開された映画の影響が大きいのですが、中国人観光客の誘致に関して道庁は、この10年くらい中国へのセールスをしてきました。その努力がやっと報われてきたのかな、と感じています。外国人観光客の増加率は中国がトップですので、この流れを止めないように、観光客誘致を進めていくつもりです」

とターゲットを中国人に向けていると明かす。道庁は社団法人北海道観光振興機構と連携して、中国の旅行社やコンサルタント会社に対してのプロモーション事業を活発化させてきた。

「道庁としては'12年度に来道する外国人観光客数を110万人と目標値を定めています。そのためには中国からの来道者を増やすことが最も効果的ではないかと考え、中国国内での旅行博には積極的に参加をしてアピールしておりますし、中国からマスメディア関係者を北海道へ招聘《しょうへい》して、取材をしていただく働きかけも行っています。また、JNTOに委託付託金を支払って、プロモーション活動も行っています」(道庁国際観光グループ)

ゴールデンルートではない北海道に中国人観光客が押し寄せているのは、北海道が持つ自然のすばらしさにもよるだろうが、こうした自治体の努力が実を結んできたということではないか。道庁だけでなく、道内の自治体も外国人観光客を積極的に誘致している。その中のひとつ、北海道のニセコ町商工観光課にも戦略を伺った。

「'10年度から大連出身の中国人女性を職員に採用して、応対にあたらせています。'08年度は約1200人、そして'09年度は約3600人、'10年度は約5500人の中国人観光客がニセコに宿泊していますが、この数を増やすために、ニセコが持つ自然や温泉のすばらしさに加え、ゴルフ場も利用していただけるプランも中国の旅行社へ売り込んでいます。近くの倶知安町はスキー場が多いので、オーストラリアを中心として、台湾などからの冬季のスキー客を積極的に呼び込んでいますが、リーマンショックもあって客足が遠のいているようです。ウチの場合は夏季の観光に力を入れていまして、道庁とも連携して旅行博には中国本土各地はもちろんのこと、台湾や香港にも参加をしていますが、震災があったので'11年の中国人観光客は減少すると予想しています」

福岡では朝、船で着き買い物して夜出港

福岡市でも'08年から不定期で上海から出港するツアーの中国人観光客を受け入れるようになった。これは中国の旅行社が企画しているもので、イタリアとアメリカ船籍のクルーズ客船を使用し、上海から韓国の済州島を巡って博多港に入り、ショッピングを楽しむのがこの旅行のウリだ。一回の観光客が1500人程という〝人気ツアー〟になっており、'08年には23回、'09年には24回実施され、'10年には今までの3倍近い66回実施されている。

福岡の滞在はわずか1日だが、港から観光バスで天神などの福岡市内中心部でショッピングをする。福岡市は中国人観光客による景気浮上に期待を寄せ、街の中心部の天神周辺では中国語での道路標識を掲げたり、中国語のパンフレットなどを作成するようになった。

「不況の折、定期的に団体観光客がきてくれるのはありがたいと思っています。現在は客船での中国人観光客受け入れを中心に考えておりまして、便宜を図っています」（福岡市観光振興

課、黒岩賢彦さん）

福岡市が'09年に中国人観光客に行ったアンケート調査によると、彼らが日本でショッピングに使う費用は一人当たり約3万3000円だという。そして、これによる経済波及効果を年間約10億6000万円と試算している。

「中国人観光客は船で朝ここに着いて、すぐにバスで観光、ショッピングに出かけ、そして夜には出港してしまうわけです。ですから一般の日本人と触れ合う機会というのは少なく、厳密には国際交流とはいえないのかもしれません。私も一般の中国人と触れ合うことはほとんどありませんでしたが、担当となりまして岸壁にもお迎えに行くのですが、船から降りてくる観光客の方々はそりゃあ賑やかですよ。しかし、このような形態でも続いていけばやがて滞在したいと思う方もでてくるだろうし、それにつれて相互の交流が少しでも開かれていくのではないのかな？　と期待しているんです」（黒岩さん）

福岡市だけでなく、韓国人旅行者が多いことで有名な大分県の別府市も中国人観光客のために臨時職員として中国人留学生を採用し、受け入れ態勢を整えようとしている。

中国人観光客誘致で成功するには

北海道や福岡市だけでなく、関西圏、そして九州各地の自治体もこぞって中国人観光客の呼び込みに躍起となって、知事が中国でトップセールスを行うなど、日本の自治体は中国人観光客に期待を寄せている。

このような動きを桜美林大学ビジネスマネジメント学群の鈴木勝教授はどのように見ているのだろうか。国際ツーリズム振興論や観光マーケティング論が専門の鈴木教授は、ＪＴＢ（旧・日本交通公社）で33年間旅行業に携わり、北京の事務所長を4年間務めた中国通でもある。

「最近は、日本の知事が観光客を呼び込もうと向こうに行き、中国の旅行社や地方政府担当者を集めてパーティを開いています。パーティ会場には人が溢れて盛況に見えるのですが、実はパーティに出席しているのは〝動員〟をかけて集められた者が多いんです。具体的に魅力的な旅行プランを示さないで、ただただ『きてください』と言うのでは、パーティを主催している地方自治体が仕事をしているんだ、ということを日本の地元でアピールするためのセレモニーと言ってもいいのではないでしょうか」

と現状をバッサリと切り捨てる。ではどうすればいいのだろうか？

「日本の各県は中国の旅行エージェントと提携して中国の旅行社へのアピールをしております

が、これは税金の無駄使いに終わることが多いと思います。それよりも、県を超えて地域として連携をして観光スポットや周遊コースを作っていくことが必要でしょう。温泉やショッピング、そして山の幸、海の幸を楽しめるような複数のコースを作って中国側にアピールをする必要があるわけです。それも具体的に旅行コースを作成して費用も示さなければなりません。しかし、このようなアピールをしているところが少ないのが現状です。民間施設との兼ね合いで費用を明示できない自治体が多いのですが、費用がわからなければ中国の旅行社としても動きようがありません。

各自治体で旅行客を呼び寄せるのではなく、広域でアピールしたほうが魅力的な観光地が増えるので、中国の旅行社としても受け入れやすくなります。このようなプランニングは自治体が日本の旅行社と組んでパンフレットを作成していますが、中国人観光客へ魅力的な旅行プランを示すためには、広東省には、山西省には、というように中国各地域ごとの人々の性格を踏まえてきめ細かいプランを提示することが必要です。日本の旅行社は観光客を外国へ行かせるアウトバウンドの方法には長けているのですが、外国人観光客を日本に受け入れるインバウンドの経験が乏しいのが大きな欠点でしょう。

これは本来なら観光庁が音頭をとってそのような流れを作るべきでしょう。しかし今の態勢ではそれができていないし、観光庁は海外への宣伝だけに終始しています。ＪＮＴＯは外国人観光客のためにインフォメーションセンターを日本各地に作らなければいけません」

まだまだ日本国内の受け入れ態勢が整っていない、と指摘する。元ＪＴＢで旅行業のスペシャリストの言葉だけに頷ける部分が多々ある。

「中国からくる観光客は黙っていても６割は東京に足を運びます。その客をいかに他の地域にまで足を延ばさせるのか。これが命題でしょう。ゴールデンルートにしても関西では問題があります。というのは'70年代に日本人の海外旅行でいちばん売れたプランに、日本を出発してシンガポール２泊、バンコク２泊、そして香港１泊というのがありまして、〝ＳＢＨ〟と呼ばれていました。まるで今のゴールデンルートの東南アジア版という旅行です。これが非常に好評だったのですが、ここで大事なのは、旅行地の順番でした。旅行の最初からショッピングで荷物が増えることは誰もがイヤなわけです。シンガポールとバンコクを観光して最後に香港でショッピングという順番だったから人気を呼んだんです。

これとゴールデンルートをあわせて考えてみましょう。成田インで関空アウトのコースだと関西でのショッピングが最後になります。でもゴールデンルートの７割は関空インで成田アウトになっています。東京で最後にショッピングをするほうが便利だし、いろいろなお店があるからと感じているのでしょう。ここをなんとかしないと、関西にお金は落ちてきません。関空近くの泉佐野市周辺にはショッピングモールもありますが、アピール力が足りません。ここにブランドショップを誘致するとか、ここが日本人にも大人気のショッピングスポットであることをアピールすれば、中国の旅行社もセールスしやすくなることでしょう」

と言う。

――中国人との旅行ビジネスをうまく進めるためには何がいちばん大事ですか？

「それは相当な回数の宴会をしなければならない、ということですかね。ビジネスライクというよりは、宴会で仲良くなって胸襟を開き、こちらの考え方、そして向こうの考え方を理解してやっとうまくいくのではないかと思っています。けっしてたやすいことではありません」

中国人向けコンシェルジュ

鈴木教授と同じように日本の中国人観光客受け入れ態勢に首を傾げている専門家がいる。武蔵野大学大学院（西東京市）で観光ビジネス論を担当している洞口光由准教授だ。'87年にオープンした銀座の「ホテル西洋銀座」で取締役支配人を務め、世界的にも評価の高いホテルに育て上げた実績を誇り、'03年からは大学で教鞭を執っている。中国からの留学生たちに観光論を教える彼に、現在の中国人観光客の受け入れ態勢などについて話を伺った。

「中国人団体旅行者に対する日本側ホテルの対応はほとんど何もしていないに等しいと思って

います。中国ではあまりにも低価格で日本の旅行プランを販売していますので、そこには日本側は進出することはできません。私が今憂慮しているのは、ゴールデンルートのような旅行プランで日本を訪れたとしてもリピーターになる確率が低いのではないか？　ということです。あのような駆け足的な旅行で、質の悪いホテルに宿泊し、質の悪い食事をして、満足するのはショッピングだけというのでは、もう日本観光はいいやということになって、リピーターは望めません。ただ、中国は人口が多いので、〝一見《いちげん》の客〟でも十分に商売になると業者は思っているのでしょうが、これからは口コミで悪いウワサが広がっていく可能性があります。旅行先を選ぶ理由に口コミというのは非常に大きな要因になるんです。

旅行業でいちばん大事なことは、いかにリピーター率を上げていくか、ということです。一度満足した客はもう一度出かけてみたい、と思うものです。ホテル業でもそうですが、満足してもらうことでもう一度足を運んでいただくというのが大事です。今日本の旅行業界が考えるべきことは、'10年7月から大幅に規制緩和をされた中国人個人旅行者および富裕層をどのようにして取り込むのか、ということです」

洞口先生の下には、日本の旅行社から中国人観光客相手のサービスについての相談が舞い込んでいるという。

「先日も、関西空港が相談に乗ってほしいということで、行ってきました。増加する中国人観光客へのサービス向上のためにインフォメーションセンターを設けることを提言して、さっそくウチの大学院の優秀な留学生を送り出すことに決めました。成田空港にも同じようなシステムを作る予定になっています。インフォメーションの担当者は、単に旅行のインフォメーションをするのではなく、旅行者がどこそこに行って、どのような観光をしたいのかという希望を懇切ていねいに聞いて解決する力がなければいけません。そのようなソフトの部分が日本の観光業にはまだ備わっていないと思います」

そして洞口先生は中国人富裕層旅行者向けのコンシェルジュ業務を行う「チャイナサロン」を都内のホテルグループに提言し、その開設に向けて現在折衝中だ。

このサロンには日本で観光ビジネス論を学ぶために中国から留学している武蔵野大学大学院の学生が詰めて、旅行者の相談に乗るという計画になっている。留学生たちは旅が始まる前から利用者と連絡を取って日本滞在中の要望を聞き、たとえば『浮世絵の美術館を訪ねたい』という客の要望があれば、その要望に添うように美術館を選択してプランを作成して美術館まで同行したり、『50万円程度の高級ブランドバッグが欲しい』という要望にも添うように店をピックアップしてその店に案内する予定となっている。

また、JR東海やタクシー会社とも連携して西武トラベルを通して旅の企画や切符の手配も受け付けたり、無料で携帯電話を貸し出して留学生スタッフが相談に応じる態勢を整えている。これは、武蔵野大学と西武トラベルが産学連携として取り組み、それにプリンスホテルグループが賛同して実現されることになった。西武トラベルは専用ホームページを作り、中国の旅行会社を通じて利用者を募り、旅行代金に登録料1万2000円が上乗せされるが、国内25のホテルでスイートルームやアップ・グレードした部屋に宿泊できる特典がつく。また、チャイナサロンと同じフロアには、テレビ会議システムを使った「チャイナデスク」も開設される。宿泊していない場合でも、会員登録をした客には、手紙や荷物を受け取って保管するなどのサービスも受けられる態勢を整えるという。

「私は現在大学院で観光ビジネス論を教えておりますが、中国からの留学生が一学年に約20人で計40人在籍しています。非常に優秀な学生たちですが、教室で教えたとしても実践する場というのがありません。それで机上の空論に終わらぬような実地体験をさせる場がないだろうか？　と考えていたときに思いついたんです。私も長い間ホテル業界に在籍していましたから、日本中のホテルマンとは横の繋がりを今も持っています。それで旅行社とホテルを組ませてこのような企画を作りました」

——反響はいかがですか？

「なぜ、ウチのホテルに企画を持ってこなかった？　と他の高級ホテルの幹部たちから文句を言われています。私としては『ホテル西洋銀座』でお客様に好評を博したホスピタリティのあるサービスを今回の『チャイナサロン』にも活用したいと思っています」

日本国内でもやっと中国人から儲けてやろうという気運が高まってきたようだ。震災によりこの企画は一時ストップしていたが'11年秋以降に実施する予定になっている。問題はこのまま中国が発展し中国人観光客が来続けるかどうか？　ということになる。

中国はこのまま発展するのか

中国は'78年に〝鎖国〟状態から脱皮して猛烈な勢いで経済成長を続けている。'11年には日本を抜いて世界第2位の経済大国になった。

'08年の北京オリンピック開催と'10年の上海万博開催によって世界中から客を呼び込んでおり、この姿はかつて日本が辿ってきた歴史を踏襲しているという見方が多い。しかし、日本は'64年の東京オリンピック、'70年の大阪万博でやっと一億総中流と呼ばれる社会を作り出した。それからドルショックやオイルショックの壁を乗り越えて成長を続け、'91年のバブル崩壊によって成長はストップし、景気はいまだに回復の兆しを見せていない。一方中国は日本の何倍ものスピードで成長し続けている。

日本との大きな相違は日本が成長につれて個人所得も上がっていき一億総中流になったのに

対して、中国では沿海部と内陸部との間には非常に大きな格差が生まれ、1割富裕層9割貧困層という社会構成になってしまったことだ。

日本では徐々に賃金が上がっていったのだが、中国では富裕層に特化してしまっている。この富裕層というのは、土地の権利を所轄している地方政府の上層部の者たちだ。中国では土地の個人所有は認められておらず、土地は政府の許可を得て〝賃貸〟することになっているが、工場を造る場合でも土地を所轄している政府の許可がなければ始まらない。この権利を行使することによって莫大な利益を得ることができるし、それを投資して財を成す者たちが富裕層と呼ばれている。彼らは金が金を生むという構図にあり、富は増える一方だ。

〝世界の工場〟として世界中の製造会社の製造部門を一手に引き受けた中国の魅力は、なんといっても低賃金の労働者である。もしその賃金が高くなれば、低い賃金を求めて工場はベトナムやインド、そしてブラジルへと移動していくだろう。

となると中国の成長は止まってしまう。中国が経済成長を維持していくためには、2つの方法が考えられる。ひとつは、労働者の賃金を抑えて国際競争に打ち勝つことだ。これは現状を維持することだが、低賃金に抑えられている労働者が富裕層を見て何と感じるだろうか。

中国の大都市の地価の高騰はバブル時代の日本を凌駕するほど凄まじいものとなっており、'10年の上海万博開催前に売り出された上海のマンションでは1㎡212万円という数字が躍っている。これは単純に計算すると50㎡クラスの部屋が1億円を超えるということになるから億ションで、バブル期の日本のマンションの値段をすでに超えているのだ。

この数字がいかに異常であるか？　もし自分が月給2万円未満の労働者だと考えれば容易に想像ができる。このマンションの値段というのは天文学的な数字で、それに近づくのは絶望的としか思えないだろう。

貧困層の労働者と月給100万円以上の富裕層が同じ国に住んでいるというのは、火薬庫の上でタバコを吸っているような状態だといえるのではないだろうか。実際、'10年の夏には、中国各地にある工場で賃上げを要求する労働者のストライキが頻発している。まだ組織だったストライキではないので要求は全土に広がっていないが、労働者の横の連携が生まれれば、社会問題になりかねない。

2つ目は他の国が真似できない高度な技術を生み出すことだ。日本は省エネの自動車を開発したり、家電製品も使用しやすい工夫を生み出して国際競争に打ち勝ってきた。はたしてパクリ王国の中国でそれが可能なのか？　起業精神が旺盛で自己主張が強い中国人気質はまとまることが苦手なので、その点では日本と異なりマイナスになるかもしれないが、一党独裁政権の社会体制では国の政策がダイレクトに反映されるので、方針が決まれば国をその方向に引っ張っていくことがたやすいからプラスになるだろう。

昨今、中国経済の躍進や中国脅威論などが日本のメディアで見受けられる。それは中国の経済成長率という数字から論じられているのがほとんどだ。貧困層の賃金が上昇すれば、前述したように中国から外国の息のかかった工場は逃げていく。富裕層は外国が投資した工場が海外に逃げ出す事態を望まないし、中国政府もそれを望んでいない。となると、富める者はますます富み、貧しき者はそのままということになる。この命題を解決できない以上、中国には未来は見えてこない。つまり現状では中国には『中流層』が生まれてくる素地はないということだ。そこが日本とは決定的に異なっている社会といえよう。

現状では、民主化されていない〝先進国〟というのは地球上には存在していない。民主化されれば、富の格差問題や、民族問題が必ずクローズアップされるので、中国政府が自ら民主化の道を目指すことはないだろう。また軍事費の割合もかなり高い数値を示している。これがクビを絞める可能性もある。貧困層の上に繁栄を築いている中国の未来はけっしてバラ色とばかりは言えないのである。

おわりに

「中国人ってなぜあんなにうるさいんだろう？」

東京・北池袋の安い居酒屋で友人とビールを飲み交わしているとき、彼が我々の座っているテーブルから少し離れたテーブルで騒いでいる中年の中国人たちを見ながら苦笑した。

「確かにうるさいね」

と私はうなずいた。中国人はうるさい、というのはいわば常識と私も思っていたのだが、それがなぜなのかは分からない。困惑した表情を浮かべている私を尻目に友人は「マナーを守らないのはナゼ？」「じゃあなぜ商品をパクるんだろう？」と次々に疑問を口にしだした。

「絶対に謝らないし、愛想が悪い」

私と友人はこのように中国人問題をサカナに大いに盛り上がったが、この晩にこれらの疑問に対して、我々は答えを見つけることが出来なかった。

私は中国人との付き合いは多く、在日華僑の友人も多いし、中国人による事件取材も多い。

中国の商標権違反などの事案でも取材していた。

私は友人の疑問を解明するために後日、多くの中国関係の書籍や雑誌に目を通した。しかし、疑問に対する明確な答えが記載されている本を見つけることはできなかった。どうして、こんな基本の情報が少ないのだろうか？

そこで疑問を解き明かすために取材を進めていった。最初は単純に「中国人はなぜうるさいのか」から始まった取材だが、非常に面白かった。私は中国通と称される方々と会って話をきくことにした。中国通というのは、大学の教授やベテラン商社マンを始めとして、それこそキラ星の如くいるわけで、専門が経済・政治・社会学などに細分化されている。専門分野に関しては誰にも引けをとらない研究をなさっているのだろうが、私が中国の経済成長の要因とか外交戦略や貿易動向といった質問をせずに、

「中国人ってなぜうるさいのだと思いますか？」

と訊くのだから面喰らってしまった面もあるだろう。本来なら恥ずかしくて口にできないような質問だと自分でも感じていたのだが、知ったかぶりはできない。疑問のままにしてはおけないので恥を忍んで問いかけたものだ。質問に対して最初は怪訝な表情を浮かべていた方が「なぜ列に並ばないんでしょうか？」とか「謝らないのはなぜですか？」と私が疑問を口にするにつれて、

「ウーン、なぜなんでしょうねえ。考えもしませんでした。なるほど中国人を理解するためには、その疑問を解明するのが基本中の基本ですね。是非とも答えを見つけてください」

とエールを送ってくださる方もいた。

取材がおおかた終了した'10年9月に尖閣諸島沖事件が発生した。同じ時期に日本では民主党の党首選挙が行われていたのでその陰に隠れていたが、日本側の処理の不手際もあって2国間の大問題となり、その時期まで順調に伸びていた中国人観光客数も頭打ちとなってしまった。ギクシャクした日中関係がなんとか落ち着いて中国からの観光客も復活し、最終の推敲をしていた3月11日に東日本大震災が起きてしまった。

三陸地方の岩手県宮古市や大船渡市、そして宮城県内の水産加工場では中国人の研修生と称する女性労働者が多く働いていたが、幸運なことに被害者は出ずに全員が帰国している。その中のひとつ、宮城県南三陸町の水産加工場では中国人研修生を津波から逃がすために高台に誘導した日本人社長が行方不明になり、このことは中国国内では中国人を助けた社長という記事で紹介され、中国では映画化の話がでているという。

被災地には世界各国から救援の手が差し伸べられて、中国からも震災直後にレスキュー隊が岩手県大船渡市に入って活動をした。被災地では暴動やパニックはほとんどなく、盗難被害も少なかった。被災地には秩序が保たれており、被災者たちは黙々と列を作って救援物資を受け取るなど、沈着冷静だった。このような応対は世界中を驚かした。もちろん、中国国内でも賞賛されている。自己主張を強くするよりも他人のことを思いやる日本人の資質が中国では驚かれたのだろう。

東京電力福島第一原発の事故もあって、中国へ帰国するビジネスマンや留学生・研修生が多かったことは当然のことだった。中国人のみならず日本に滞在していた在日外国人の多くは避難するために国外へ脱出していった。そして中国からの団体観光客が激減するという状態が2ヵ月以上も続いたのは無理もない。しかし、日本国内の落ち着いた情報が中国国内で報道されるにつれて徐々にではあるが観光客が戻りつつある。第6章では中国人観光客にスポットを当てて取材をしていたので、早くこのような時代に戻ればいいと切望しているし、そう遠くない時期に戻ると確信している。

この本は中国人の悪い部分をあげつらうために書いたものではない。私自身は中国人の親切心も充分に知っているし、日本人よりも信義に厚い方がいるのももちろん知っている。中国人全員が「うるさい」「マナーが悪い」などと主張するつもりはない。が、総理府の'10年10月の調査では80％近い日本人が中国に親しみを感じていないのは事実だ。その原因のひとつに中国人の基本的行動パターンが理解できない、ということがあると考えている。この本がそのような疑問を解く助けになれることを切望する。

隣国とは相互理解が不可欠である。両国民が肌を触れ合うことが友好の手助けになることは言うまでもない。その意味でも早く'10年夏までの中国人観光客の訪日数に戻って欲しい。

本書を執筆して、果たして私の意図が皆様に通じていてくれているのか心配な面もあるが、それは私の力量の無さということでお許しを願いたい。また、一部仮名にせざるを得なかったが、取材にご協力してくださった皆様に衷心から御礼申し上げる次第である。

2011年秋涼

吉田　隆

中国&日本　略年表

1840　アヘン戦争勃発
1842　南京条約締結
1851　太平天国の乱起こる
1856　アロー戦争
1865　シュリーマンが清と日本を訪問
1867　大政奉還
1894　日清戦争勃発
1895　日清講和条約（下関条約）締結
1904　日露戦争勃発
1905　日露講和条約（ポーツマス条約）締結
孫文らが「中国革命同盟会」を東京で結成
1911　辛亥革命
1912　中華民国成立、孫文が臨時大総統に就任
1913　孫文蜂起するも失敗、日本へ亡命
1914　第一次世界大戦勃発
1931　満州事変勃発
1932　満州国建設
1933　日本が国際連盟脱退
1937　盧溝橋事件起こり日中戦争始まる
1939　第二次世界大戦勃発
1941　太平洋戦争が始まる
1945　第二次世界大戦終戦
1946　国民党、共産党の内戦が全国化
1949　中華人民共和国が成立
1950　朝鮮戦争が起こる
1959　チベット動乱
1964　東京オリンピック
1966　文化大革命開始
1968　日本がＧＮＰ世界2位に
1969　中ソ国境で軍事衝突

1970　大阪万博
1971　中国が国連加盟、常任理事国となる
1972　ニクソン訪中、米中共同声明
日中共同声明
台湾との日華平和条約廃止
1973　オイルショック
1976　周恩来死去・毛沢東死去
四人組逮捕
1977　文化大革命が終了
1978　鄧小平　留学生を派遣することを明言
日中平和友好条約
鄧小平来日、日産自動車・松下電器を視察、新幹線にも乗る
中国8都市で「日本映画祭」開催
1979　米中国交樹立
中越戦争
留学生派遣のために「日本留学予備校」設立
日本の対中ODA始まる

1981　「文革は誤り」の歴史決議
1983　中曽根首相が留学生10万人計画
1984　中国政府、私費留学を認める
1985　日航機墜落
プラザ合意
日本にバブル景気
1989　法務省が定員の2倍以上の23の日本語学校に廃校処分
天安門事件
ベルリンの壁崩壊
1990　上海・浦東開発
上海証券取引所営業開始
1991　ソ連邦解体
1992　鄧小平の南巡講話発表（改革を加速）
韓国、中国と国交樹立
1993　「反日教育」が過激になる
1995　阪神・淡路大震災
地下鉄サリン事件
1996　台湾ミサイル危機

1997 鄧小平死去
香港返還
アジア通貨危機
1999 米軍機、ベオグラード中国大使館を誤爆
マカオ返還
2000 中国人観光客への団体ビザ発給開始
2001 海南島事件、米軍機不時着
李登輝、治療のために来日
山形主婦殺害事件
中国、世界貿易機関（WTO）加盟
2002 大分の「留学生の父」殺害事件
瀋陽で警官が日本総領事館に立ち入り北朝鮮の脱北者を連行
2003 福岡市一家4人殺害事件
2004 サッカーアジアカップで反日運動
2005 北京・上海で反日デモ
人民元切り上げ
2006 中国人妻、滋賀県で男児と女児を殺害
2007 法務省調査で日本に住む中国人、60万6889人で初めてトップ
GDP、中国はアメリカ・日本に次いで第3位
2008 冷凍餃子毒物混入事件発覚
チベット騒乱
四川大地震
北京オリンピック
2009 中国人の個人観光ビザの発給解禁
中華人民共和国建国60周年式典
2010 冷凍餃子事件で、中国人工員拘束
上海万博テーマソング・北京モーターショーでパクリ疑惑
上海万博開催
尖閣諸島沖事件で日中間の争い
APEC横浜開催
ノーベル平和賞を劉暁波氏受賞
中国、日本を抜いてGDP世界第2位
2011 東日本大震災
中国高速鉄道事故

中国《ちゅうごく》人《じん》はなぜうるさいのか

2011年10月12日　第1刷発行

著者――吉田《よしだ》　隆《たかし》

発行者――持田克己

発行所――株式会社講談社
〒112－8001　東京都文京区音羽2－12－21
電話　出版部　03－5395－3783
　　　販売部　03－5395－4415
　　　業務部　03－5395－3615

印刷所――大日本印刷株式会社
製本所――株式会社若林製本工場
本文データ制作――講談社デジタル製作部
装丁――松村美由起

ISBN978-4-06-216740-6

参考図書

『不平等国家 中国 自己否定した社会主義のゆくえ』園田茂人 '08年5月 中公新書
『ニコライの見た幕末日本』ニコライ・カサートキン（中村健之介訳）'79年5月 講談社学術文庫
『シュリーマン旅行記 清国・日本』ハインリッヒ・シュリーマン（石井和子訳）'98年4月 講談社学術文庫
『幕末日本探訪記 日本と北京』ロバート・フォーチュン（三宅馨訳）'97年12月 講談社学術文庫
『現代中国論』中島嶺雄 '64年11月 青木書店
『日本的 中国的』陳舜臣 '98年7月 祥伝社
『一冊でつかめる！ 中国近現代史』荘魯迅 '09年10月 講談社＋α新書
『中国ニセモノ社会事情』田中淳 '08年12月 講談社＋α新書
『格差大国中国』王文亮 '09年6月 旬報社
『世界が仰天する中国人の野蛮』黄文雄・宮崎正弘 '08年3月 徳間書店
『中国で「売れる会社」は世界で売れる！』徐向東 '06年8月 徳間書店
『面白いほどわかる！ いまの中国』稲垣清 '08年7月 中経出版
『この厄介な国、中国』岡田英弘 '01年11月 ワック
『中国人の99・99％は日本が嫌い』若宮清 '06年2月 ブックマン社
『日中はなぜわかり合えないのか』莫邦富 '05年5月 平凡社新書